原来事情可以这么办

YUANLAI SHIQING KEYI ZHEMEBAN

牛克娟◎编著

中国城市出版社

·北京·

图书在版编目（CIP）数据

原来事情可以这么办/ 牛克娟编著. —北京 ：中国城市出版社，2012.1

ISBN 978—7—5074—2532—1

Ⅰ. ①原… Ⅱ. ①牛… Ⅲ. ①人际关系学—通俗读物 Ⅳ. ①C912.1—49

中国版本图书馆 CIP 数据核字(2011)第 250793 号

责任编辑　张惠平
封面设计　久品轩
责任技术编辑　张建军
出版发行　中国城市出版社
地　　址　北京市西城区广安门南街甲 30 号(邮编:100053)
网　　址　www.citypress.cn
发行部电话　(010)63454857　63289949
发行部传真　(010)63421417　63400635
总编室电话　(010)68171928
总编室信箱　citypress@sina.com
经　　销　新华书店
印　　刷　北京金秋豪印刷有限责任公司
字　　数　209 千　印张 16.25
开　　本　710×1000(毫米)　1/16
版　　次　2012 年 2 月第 1 版
印　　次　2012 年 2 月第 1 次印刷
定　　价　30.00 元

前　言

同样的事，交给不同的人去办，有的能马到成功，有的则屡战屡败。为什么在事情的结果上，人与人之间会有如此大的差距？原因不仅仅是智商的差别，也不仅仅是运气。这与人办事的方法和手段有很大的关系。成功者与失败者的最大区别就在于：是否掌握了办事的方法。

办事的方法不同，结果也就不同，由此导致每个人的命运会有天壤之别。办事是一门学问，更是一门艺术。办事不讲方法，缺乏艺术，即使最简单的事情往往也会以失败告终，即使最优秀的计划往往也成为现实中的泡影。研究、掌握和运用办事的艺术，是现代社会生存的需要，是谋事的需要，是达到目的走向成功的需要。

办事是一门学问，更是一门艺术。要想在关键时刻把事情办得圆满融通，使自己左右逢源，避免四处碰壁，可不像一般人想象的那么简单。但是，世上没有办不成的事，只有不会办事的人。

事都是人办的，要想顺利办事，必须先把人搞定。说白了，办事就是处理人与人之间的问题。办事要想不碰钉子，首先，要套交情。情感是办事时的一种无形资产。但感情绝对不能靠临时抱佛脚积累，就像“功夫在诗外”，感情的积累来自于你办事以前为现在的情感所做的“投资”。其次，要投其所好，避开对方的忌讳。《孙子兵法》上讲：“知己知彼，百战不殆。”当我们有求于人的时候，首先不妨先了解对方的嗜好、性情、学识和经历等。同时，每个人因个性和生活经历不同，对某些言辞和举动有所顾忌，因此千万不要去冒犯。

如此等等，办事的方法还有很多，本书收录归纳了十一种。内容详尽，事例新颖具体，评论切实具有说服力。相信读者定能从中找出适合自己的做事方式，凭着自己的天赋和领悟能力做到触类旁通，由此及彼，根据环境的变化以求自身相应的变化。本书将帮助你仕途上步步高升，在交际中如鱼得水，在商场上游刃有余……

目　录

第一章　成在用情败在无情，办事前先要套交情

办事过程中，情感是一种无形的资产，巧妙地运用这种资产，会收到意想不到的回报。但情感从何而来呢？它主要来自你以前的积累，来自于你办事以前为现在的情感所做的“投资”。

1. 绝不做平时不联系，一联系就有事的人 …………………… 1
2. 雪中送炭好过锦上添花 …………………………………… 3
3. 求朋友办事，先让朋友欠你一个人情 …………………… 5
4. 见面握手三分情 …………………………………………… 6
5. 恰当吹捧对方好办事 ……………………………………… 9
6. 先“礼”后“利”，买份礼物送份人情 ………………… 11
7. 及时加固人脉网：做个勤劳的维修工 ………………… 13
8. 珍惜每一次机会，有邀必赴 …………………………… 14
9. 以德报怨是最佳人情投资 ……………………………… 16
10. 搞关系要循序渐进，不可操之过急 …………………… 18
11. 要善于投资“人情生意” ……………………………… 20
12. 利用自己艰苦的身世，博得对方同情 ………………… 21

第二章　想钓鱼就像渔夫那样思考，投其所好办事更容易

求人办事，贵在攻心。所谓攻心，其含义是指：你不仅需要准确了解对方的内心世界，而且还要在此基础上，因人而异，投其所好，进一步征服对方的心，使对方打心眼里信你、敬你、服你，甘心情愿为你效力。

1. 最会办事的人，往往是做了让对方感激的事 …………………… 23
2. 求人办事，要先想着对方的利益 …………………………………… 25
3. 理解对方的难处，才能赢得对方的支持 ………………………… 27
4. 你为对方着想，对方才会为你着想 ……………………………… 29
5. 想吃草的给草吃，想吃肉的给肉吃 ……………………………… 30
6. 把着眼点放在对方得意的地方 …………………………………… 32
7. 给别人面子就是给自己机会 ……………………………………… 34
8. 用利益作为甜点 ……………………………………………………… 36
9. 要想办成事，必须事换事 ………………………………………… 38
10. 让朋友知道事情办成后的好处 ………………………………… 40
11. 找准所求人心理的薄弱点 ……………………………………… 42
12. 投其所好，专挑别人爱听的事说 ……………………………… 44
13. 逢人多送“高帽子”，妙处无穷 ……………………………… 47

第三章　舍“小”是为谋“大”，先吃亏，后办事

吃亏是福，有目的的亏值得吃。生活中能把亏吃在明处的才是真正的智者；最终的赢家往往在于不计较小处的得失。懂得吃亏的人，会把今天的“损失”，兑换成明天的收获。

1. 把吃亏当作一种投资 …… 51
2. 欲取先予，想占便宜先吃亏 …… 55
3. 示以利益巧办事 …… 57
4. 着眼全局 不计眼前得失 …… 60
5. 满足别人之后，才提自己的要求 …… 62
6. 让小恩小惠成为办事的桥梁 …… 64
7. 亏要吃，但要吃在明处 …… 66
8. 帮助别人，自己也会受益 …… 68
9. 在小处忍让，在大处获胜 …… 70

第四章　与谁交往决定你的发展，会交朋友好办事

一个人办事能够获得成功，除去环境、机遇和个人能力等因素，是因为他能处理好人际关系，特别是善于结交朋友。交什么样的朋友决定你的办事的能力，如果你会交朋友，无疑等于给自己打开了办事的方便之门。

1. 有所选择，善交朋友比多交朋友更重要 …… 72
2. “势利”一点没什么不好，多结交有本事的人 …… 75
3. “攀龙附凤”，跟善于交际的人交往 …… 76
4. 改变“熟人多，朋友少”现象 …… 78
5. 对不良朋友敬而远之 …… 80
6. 顺境之中莫忘结交善缘 …… 82
7. 结交暂时不得势的朋友等于买原始股 …… 83
8. 为你的朋友“存份档” …… 85
9. 别错过赏识你才华的人 …… 88
10. 多结交比自己优秀的人 …… 91

第五章　脸皮厚手段巧，打通难办之事的关节

生活中，没有人能做到万事不求人。如果你脸皮太薄，放不下面子去开口说出你的请求，别人又怎么会了解你的心思，进而帮助你呢？人在屋檐下，不得不低头，有时候脸皮厚一点，不怕拒绝，不怕冷遇，办事的成功率自然会提高。

1. 面对拒绝，脸皮不妨厚一点 …… 94
2. 有张有驰，办事无往不利 …… 97
3. 求人要有不卑不亢的态度 …… 99
4. 有时“慢功夫”胜过急性子 …… 101
5. 找能说会道的人前去游说 …… 103
6. 你求的人不领情，就从他身边的关键人物下手 …… 105
7. 遭遇冷遇别在意 …… 107
8. 用热心肠去贴冷面孔 …… 109
9. 只要脑子活，再难的事也能办成 …… 111
10. 只要能赢，不按理出牌不为过 …… 113

第六章　办事有火候，拿捏分寸是关键

办事须讲分寸，我们通常说的“掌握火候”“过犹不及”“欲速则不达”等讲的就是这个道理。如果不掌握分寸，企图跨越它所匡定的界限，只想“急于求成”“立竿见影”，除了拔苗助长，事与愿违、多栽几个跟头之外，不会有别的更好结果。

1. 办事处弱势，就先退几步 …… 116
2. 不要勉强别人办不愿办的事 …… 118

3. 帮人办事也要照顾对方的面子 …………………………… 120
4. 委婉拒绝，力不从心的事不能办 ………………………… 122
5. 办事不可逞一时之能 …………………………………… 124
6. 适时变通，成功办事的智慧 …………………………… 126
7. 人情办事，适可而止 …………………………………… 127
8. 原则问题不可一味退让 ………………………………… 130
9. 事情没办好，也要感谢为你办事的人 ………………… 132
10. 不可锋芒太露 ………………………………………… 134
11. 不要一味忍让 ………………………………………… 136

第七章　直钩钓不到鱼，掌握迂回的办事法

不少人是直肠子，一根筋，办事的时候碰到南墙不回头，十头公牛也拉不回来，其结果常常会适得其反。其实，不如让自己的大脑多几个沟回，肠子多几个弯弯绕，兜个圈子，利用迂回战术达到办事目的。

1. 成功办事的出口往往在低处 …………………………… 138
2. 请将不如激将 ………………………………………… 140
3. 巧“兜圈子”，绕道公关 ……………………………… 143
4. 逆向思维，突破难事缠绕的重围 ……………………… 145
5. 绕弯子可以避开正面碰撞 …………………………… 147
6. 抓住要害，旁敲侧击 ………………………………… 148
7. 放长线才能钓到大鱼 ………………………………… 150
8. 诱“敌”深入，轻松将其套牢 ………………………… 153

第八章　应酬有术，酒桌上交朋友酒桌下办事

应酬是办好事情的基础，一个不会应酬的人很难成功，尤其在现代社会，在交往日益频繁的今天，会应酬或者善于应酬的人，办事往往很顺利，因此，某种意义上，应酬也是一种办事能力。

1. 给宴请找个恰当的理由 …… 155
2. 请客吃饭，如何向“贵人”发出邀请 …… 157
3. 饭局上的座次不能乱 …… 159
4. 无论宾主，点菜有讲究 …… 161
5. 别让不雅吃相损坏你的形象 …… 162
6. 注重细节，杯子底下好办事 …… 164
7. 融洽气氛最关键，适时讲点诙谐的笑话 …… 166
8. 敏感的话题不去碰，察言观色才能左右逢源 …… 168

第九章　借力乘势，不花钱也能办事的招术

我们都知道诸葛亮草船借箭的故事，很多事情不是我们的力量可以解决的。单枪匹马的时代已经过去，一个人的能力再大，没有足够的外力作为支持办事也难以顺利。凡成大事者都懂得合作，以求借势发挥，从而成就自己的事业。

1. 人人都能为我所用 …… 170
2. 妙借权贵影响，搭上成功的顺风船 …… 172
3. 巧借他人威名，成己难成之事 …… 174
4. 借助对手之力，顺利完成要办的事 …… 176

5. 借力发力，顺势办事 …………………………………… 178
6. 借别人的才学做自己的事 ………………………………… 181
7. 恩师领路一朝即成，摸石头过河还需十年 ……………… 183
8. 找准你的“黄金搭档” …………………………………… 185
9. 借别人的“鸡”，生自己的“蛋” ……………………… 187
10. 选一个好对手做“靠山” ……………………………… 190

第十章　一眼把人看透，直指人心底牌

为了办事，我们就要与各种各样的人打交道。但是，由于人们所处的环境及生活习惯的不同，也就形成了不同的性格特征。我们与之相处，只有深入这个人的内心了解其性格特征及优缺点，才能对症下药，找到与之相处的恰当方法，进而提高办事效率。

1. 察言观色，利用人性弱点试探人心 ……………………… 193
2. 察言观色，从细节入手 ………………………………… 196
3. 闻其声，辨其人，知其心 ……………………………… 199
4. “酒后吐真言”，到底可信不可信 ……………………… 202
5. 透过言谈洞察对方的性格 ……………………………… 204
6. 通晓人情，以理服人 …………………………………… 207
7. 求人办事要看人下菜碟 ………………………………… 211
8. 根据对方的眼神决定你的行事方式 …………………… 215
9. 行事之前，先从别人话语中摸透心思 ………………… 218
10. 香烟的抽法与人的性格 ……………………………… 221

第十一章　办事靠人情靠策略，更重要的是靠实力

虽然办事要讲人情和策略，但更重要的还是要靠自己的实力。这种实力体现在财力、人力和智力三方面。根据互利双赢的原则，你的实力越强，赢得的帮助就会越多，办事也就更容易。可以说，提升自己的实力，就是增强办事的能力。

1. 这个世界不相信眼泪，只相信实力 …………………………… 224
2. 如果你很优秀，就会有更多优秀的人为你办事 ……………… 227
3. 做不到“公平交换”，“关系”就会慢慢无疾而终 …………… 228
4. 不要让自己沦为“索取者” ……………………………………… 230
5. 创造对自己有利的境遇 ………………………………………… 232
6. 给自己打个背景光 ……………………………………………… 235
7. 把自己打造成“稀缺资源” ……………………………………… 237
8. 提升人格魅力，让你处处受欢迎 ……………………………… 239
9. 不断学习来提高你的办事能力 ………………………………… 242

第一章 成在用情败在无情，办事前先要套交情

办事过程中，情感是一种无形的资产，巧妙地运用这种资产，会收到意想不到的回报。但情感从何而来呢？它主要来自你以前的积累，来自于你办事以前为现在的情感所做的“投资”。

1.绝不做平时不联系，一联系就有事的人

生活中，很多人都是“临时抱佛脚”，平时从来不联系，一联系准有事。俗话说得好：“平时多烧香，急时有人帮。”即便是平日里无事的时候，也不要和朋友疏于联络，只有这样在关键时刻才会得到意想不到的帮助。

这天，董爱格觉得很无聊，想到自己和大学时代的一位挺好的朋友已经很久没联系了，于是想打个电话联络一下感情。没想

到，一阵寒暄过后，对方竟笑着说：“爱格，你是不是有什么事啊？有事就直说吧，没关系的，我能帮你的尽量帮你！”

好朋友的话语让董爱格一时不知道怎么说才好。放下电话，她开始自我反省：自己平时是不是和朋友们联系太少了呢？以至于被人家误以为是有事需要帮忙才打电话。那以后，董爱格不忘时不时地给朋友们一个小小的惊喜。不论是节假日还是平时，经常主动和朋友走动。这样，她再也没有遇到过上次的尴尬了，人缘也变得越来越好。

如果你平时不联系对方，有事情的时候才联系，那么对方肯定充满反感。如此一来，为你做事情的时候，也不会尽力尽责。其实，反过来想想，如果自己这样做的话，同样不会受人欢迎。人与人之间的关系，是靠经常的联系来巩固和加深彼此的关系的。经常和朋友联系是感情投资的一种，抽时间，给他们打个电话，发个邮件或短信，这些都会给他们带来惊喜。这样在我们有困难的时候，他们也会尽力地帮助我们渡过难关。

在与朋友保持关系时，我们绝不要像“猴子掰玉米”一样，掰一个丢一个，而是在平时要经常的和朋友保持联系。有了交情，我们才会给予回报。想想看，你是否由于工作繁忙，已经好久没有和朋友联系了，这实在是一个不太好的征兆！经常不联系，不问候，关系自然就疏远了。再忙也不忘经常向你的朋友表达自己的问候和正面情感，这才是处理人际关系的关键。

和朋友保持联系，常用的方法有：

（1）问候其孩子

外出时，顺路或空余的时间，到朋友的孩子所在的学校探视他们。给他们买一些他们喜欢的小礼物，给他们讲讲朋友曾经的一些英雄事迹，领着孩子在学校里面多溜溜转转，减少孩子平时学习的压力和负担。

（2）一起喝杯茶

找一些看似恰当的理由，找朋友聚一聚，叙叙旧，既可以联络彼此之间的感情同时，还可以放松一下自己，还可以联络彼此之间的感情。

（3）书信传情

虽然书信是一种古老的方式，但仍可以视为一种别致的沟通方式。我们花5分钟的时间，就可以写上一段话，以表达我们对他们的牵挂。这种很浪漫的方式，会给朋友一种喜悦的惬意。

总之，要经常和朋友保持持续性的联系，所谓持续的联系，就是指稳定的、持久的、不终止的接触，以便让你们的交情在这种不间断的交流中持续升温。不要以为一旦点燃了火种，就可以不必添柴而能使它永远地持续下去，朋友的交往也需要不断去滋养，不断地去培养，才能开花结果。这样，朋友才能对你的事业，包括生活有所帮助。

2. 雪中送炭好过锦上添花

人生几十年，我们都有落魄的时候，我们也都体会过那种茫然无助的心情。如果这个时候，我们拉朋友一把，对于他们来说比锦上添花还要有意义。等他们再次春风得意的时候，他们当然会记得我们的滴水之恩，对我们也会感恩戴德。在我们需要的时候，也会尽力地帮助我们。

给予别人的帮助往往因状况不同而有很大的差异。恰到好处，关键及时，这样才能让别人接受得心甘情愿。如果别人在不需要帮助的时候，我们非要去帮助他们，他们往往是不领情的。他们会认为我们是故意让他们欠自己人情，而并不是真心实意的，这样的帮助也没有价值可言了。这就是所谓的“帮得早，不如帮得巧”，还是及时雨来的比较合算。

周刚做生意赔了本，他向几位朋友借钱，都遭回绝。后来他向一位平时交往不多的老乡伸出求援之手，在他说明情况之后，对方毫不犹豫地借钱给他，使他渡过难关，他从内心里感激。后来，他发达了，依然不忘这一借钱的交情，常常给对方以特别的关照。

雪中送炭，就如同沙漠里赠与的水，是救命的源泉。这样，才能把对方从困境中拉出来，才能得到对方的真正友谊。当然，对方也会对这份交情刻骨铭心，在以后办事的时候，自然少不了我们的好处。

有一位领导因犯了点错而失势，他昔日的一些朋友和部下都离他而去。他的心情很苦闷，感到世态炎凉，一度丧失了生活信心，动了自杀的念头。这时，他的一个部下，不怕受连累，主动来见他，给他带来礼物，并开导他说轻生思想要不得，同他一起分析局势。部属的鼓励使他认识到自己的前途并非那么暗淡，终于坚持了下来。后来这位领导东山再起，十分感激他的这名部下，把他手中最重要的部门交给了这位下属，并在退休后帮助这位下属坐到了自己当初的位置上。

会办事的人都知道，在别人困难的时候，给别人帮助时能赢得人心的举动。为人处世恰到好处，找准时机，在别人最需要的时候给予帮助，最容易赢得别人的回报。人心是复杂和微妙的：一个人处在顺风顺水，春风得意时，你给他一点好处，他极有可能“贵人多忘事”。雪中送炭是高明的为人技巧，而非锦上添花。一个人只有把握好细微之处的度量，把握好人“心”之间的距离，才能使自己施恩于人。

或许，会有人认为，与人相交往，本着现交现用的原则，何必花那么多的冤枉钱去搞马拉松式的感情投资？这是十足的目光短浅的表现。常言道：“三十年河东，三十年河西。”等我们帮助过的人因境况开始变得更好的时候，反而成为我们的贵人，给我们帮助，甚至可能带给我们命运的新转机。

3. 求朋友办事，先让朋友欠你一个人情

卡耐基说：“如果我们想交朋友，就要先为他人做些事——那些需要花时间、体力、体贴、奉献才能做到的事。”做人情就像向银行里存款，存的多，红利也多。朋友欠自己的人情，在多年后，我们办事的时候，他们就会数倍的还给我们。有时，还会是意想不到的惊喜。

人类都有一个共同的特点，那就是容易受一些小事情，小恩惠的感情折服。会办事的人都懂得施恩于人，你施恩于他，他自会感激，总想着有一天要报答于你。其实与其说是施恩不如说是祈福。世上有大量的事实证明所谓施恩于人，其实质是自己受惠。

有一对老夫妇在一个风雨交加的晚上来到一家旅馆，但却被一位年轻的服务生告之客房已经满了。老先生无奈地告诉他：“我们是从外地来的游客，人生地不熟，又在这样的雨天，真不知道怎么办！”

服务生知道现在是旅游旺季，即使在附近其他旅馆订到客房，也十分不易。他不忍心让两位老人重新回到雨中，就说：“如果你们不嫌弃的话，可以住在我的房间里。”这话让老夫妇又惊又喜，但还是觉得很不好意思：“这太打扰你了！”

“我要在这里工作到明天早晨，请放心，你们不会给我造成任何不便。”服务生边说，边拿出酒店的值班表给老夫妇看，以证明自己确实需要整晚工作，以打消他们的顾虑。最后，老夫妇高兴地答应了。

休息了一夜之后，老夫妇想给服务生一些房费，但被他婉言

谢绝。老先生感叹道："你太热情了，你这样的服务人员是任何老板都梦寐以求的。我将来也许会为你建一座旅馆。"

服务生笑了笑，以为这只是一个玩笑而已。转眼几年过去了，某一天，他忽然收到那位老先生的来信，邀请他到堪培拉去，并附上了往返机票。虽然满心疑虑，但他还是启程了。到了堪培拉，老先生将他带到一幢豪华的建筑物前面，说："这就是我专门为你建造的酒店。"

这家饭店就是美国防大学著名的渥道夫·爱斯特莉亚饭店的前身，这个年轻的服务生就是该店的第一任总经理乔治·伯特。

俗话说："在家靠父母，出门靠朋友。"要想朋友爱我们，帮助我们，我们就要先帮助朋友。养成乐善好施的习惯，这样在我们求助他们的时候，他们才会真心真意的帮助我们摆脱困境。

记得有一位哲人说过，给别人一些空间，就是给自己一个世界，给别人一些帮助，就是给自己生机和希望。想在办事的过程中获得别人帮助的人，不妨先给别人送去一点恩惠。感恩图报，一般人都有的心理。如果别人欠我们一份人情债的话，他们报答我们的可能性也会十有八九。在平时，我们不妨多成人之美。如果我们在平时太不用心，总是对别人的需要熟视无睹，这样，在我们需要别人帮助的时候，无人会伸出友善之手了。

4. 见面握手三分情

生活中，好多关系的构建都是从陌生人开始的。多个朋友多条路，如果我们能够用自己的心去接触别人的心，那么我们就能得到真诚的友情，结交可信的朋友。伸出友谊之手的主要方式就是第一次见面的握手。

握手虽然是一件小事情，却能在细节中体现个人的修养。在办事的时候，我们要时刻注意握手的礼节，要在握手的同时，给对方留下一个深刻的好印象。这也是一种难得的交情，在日后，说不定会给自己留有方便的空间。

握手是交流前后的必要动作，是表达我们感情的一种肢体语言，它有着重要的意义，我们要多加注意，这样才能为自己挣得好人缘。现实生活中，并不是每一个人都能掌握握手的技巧，都能体会出握手的妙处。

下面是握手礼节中应该注意的几点：

1、正确的握手方式

握手的时候，身体和立正姿势有点类似，要用右手轻握对方的手，身体稍微向前倾，目视对方，来表达你对对方的关注和尊重。

2、不需要握手的场合

一般在与别人交谈的过程中，不要和对方握手。这样容易让对方理解为自己很不够诚意，非常不礼貌；坐着的时候也不要和对方握手；在餐桌上不要和对方握手，在对方离开座位的时候，再和对方握手。

3、握手的先后顺序

（1）如果与对方身份差不多的时候，应该同时伸出手来。如果我们比对方出手快，给对方的暗示是：我们非常真诚，希望和对方保持友好的关系。如果我们出手太慢，就很有可能让对方误解我们。最好是稍微快一点，给对方留下热情好客的形象。

（2）如果与对方身份不同，就要按主宾或辈分大小，分出次序了。通常情况下，是主方、身份高、辈分高的人先伸手，这样表示对客方、身份低、晚辈的关怀。用双手来握对方的手也可，这样表示尊重。

（3）如果对方是异性，女性应该先主动伸手，做出握手的表示，男性再去迎接。男性很少主动与女性握手，这样可以避免尴尬。如果女性只是点头示意，没有握手的意思，男性点头回敬就行了。

（4）如果是到对方家做客，刚见面的时候，应由对方先伸出手，与我们相握，这样表示对我们的欢迎。相反，当我们离去的时候，我们应该主动与主人握手，这样，可以表达出我们对主人的盛情款待的感激和打扰对方的歉意。对方一般不会在离别的时候给我们握手的，这样容易造成我们的误解，我们往往会认为是主人不耐烦了，催促我们离开。

4、握手的时间

在与对方握手的时候，时间在3~6秒之内为宜，不需太长，也不要太短，应该根据情况随机应变。如果和异性握手，时间要短，一般在1~3秒之内会比较好。如果和对方关系比较亲密或对方是一个比较重要的人物，握手时间可稍微长一些，还可以上下摇摆几下握着的手，表示对其的尊重和热情。如果握手时间太短，会传达出对对方不礼貌、不在意对方的信息。这无疑会给我们的交往或者谈判带来很大的障碍。

5、注意自己握手时的表情

为了能给对方一个深刻的印象，在与对方握手的时候，应该配合自己的自然的表情，这样才能恰当地表达出我们的友好。往往自然的喜悦和微笑，会表达出我们内心的真诚，拉近与对方的距离。如果我们在握手的时候，面无表情，或者表情冷漠，就会引起对方的不快，造成排斥感，最终会影响你们的交流。

6、握手的力度

握手时力度要适中。因为握手的力度也往往传递着你的感情信息。一般而言，有力的一握，表示对对方的信任和尊重，也可以表达你们之间关系的亲密程度不同一般，有时还可表示谢意和较强的自信心。但凡事千万不可用力过猛，因为这样会使对方难以接受，感觉到你可能另有目的，或者是在向对方示威，这就会引起对方反感。当然，没有一点力度可言、敷衍了事的握手，会使人感到你热情缺乏、没有诚意，给人轻视的感觉，也同样会给别人造成不好的印象。

5. 恰当吹捧对方好办事

吹捧对方，是拉近人与人的心理距离的重要手段，是人际交往的润滑剂。如果你能在恰当的时间、恰当的地点，根据对方的实际情形进行恰当的吹捧，不仅能表达出自己对对方的尊重，还可以增进了解和友谊，这样以后办事就方便多了。

肖娟是一家大型食品公司的业务员，她对公司新推出的系列产品很有自信。然而，令肖娟感到很沮丧的是，一家大型食品市场经理取消了产品陈列的机会。在把这件事情想了一整天后，肖娟决定下午回家前再去试试。

她找到经理说："先生，我今天早上走时，还没有真正让你了解到我们最新系列的产品，如果你能给我些时间，我很想为你介绍我漏掉的几点。我非常敬重你有听人谈话的雅量，而且当事实需要你改变时，你会坚决改变你的决定。"

如果我们是这位经理的话，也不会拒绝肖娟再跟我们谈吧？在肖娟这样的吹捧下，我们也许早就不再按我们的原则出牌了。同样，对于朋友，如果我们能适时、恰当的吹捧，也会给我们带来很好的交情，以后还会很好的办事。

吹捧人的方法很多，其中最不得要领的是，对着对方一个人捧对方。大多数人不会领受这一套。正确的做法可以当着大家的面来捧对方，把他的长处作一次义务宣传。这样对方一定很高兴，而且只要捧得不过火，大家也不会觉得你在"拍马屁"。另一种奏效的办法，就是在对方的背后，大力宣扬他的长处，使听到的人对对方产生好印象。这样事后间接传回他的耳中，效果自然比当面捧他更有力。正所谓"我捧人一分，人捧我十分”。将来一遇上机会，对方一定也会回敬你，把你大捧一番。

但是，不是怎么吹捧都行的。有时候，拿不准尺度，说不定还会因吹捧办不成事，更甚者，还会得罪人。

吴乐乐到一位年轻的小公司老板那里去推销保险。进了办公室后，她便赞美年轻老板：“您如此年轻，就做上了老板，真了不起呀。能请教一下，您是多少岁开始工作吗？”

“18 岁。”

“18 岁！天哪，太了不起了，这个年龄时，很多人还在父母面前撒娇呢。那您什么时候开始当老板呢？”

“两年前。”

“哇，才做了两年的老板就已经有如此气度，一般人还真培养不出来。对了，你怎么这么早就出来工作了呢？”

“因为家里只有我和妹妹，家里穷，为了能让妹妹上学，我就出来干活了。”

“你妹妹也很了不起呀，你们都很了不起呀。”

就这样一问一“拍”，最后“拍”到了那位年轻老板的七大姑八大姨，越“拍”越远了。本来这位老板已经打算上吴乐乐的保险的，结果也不买了。

后来，吴乐乐才知道，原来那天自己对该老板吹捧得太过了。刚开始，老板听到几句美言的时候，心里还很舒服。可是，吴乐乐说得太多了，越来越让人感到矫情了。最后，这个老板也烦了，保险也不买了。

在办事的时候，最好要让对方看到我们吹捧的诚意。不要吹捧得太离谱，这样别人不会觉得我们很虚伪。还要注意我们说话的态度，不要给人太轻率的感觉，这样容易让别人不快。吹捧时，还要有礼貌，这样才能满足对方的心理，让对方产生好感，在情感上向我们靠拢。

6. 先“礼”后“利”，买份礼物送份人情

在办事的时候，人际交往的规则是：先礼后利。可谓“有礼走遍天下，无礼寸步难行”。我们所处的这个社会，处处都离不开礼。朋友之间要送礼，恋人之间要送礼，上下级之间也要送礼。礼物变成了人情的象征，有礼在，就可以很好的办事。送礼，在求人办事方面，更是推波助澜的有利武器。

日本人之所以生意做得好，是因为日本人想得周全。有调查显示，日本能成功打入美国市场，其中最秘密的武器是日本人的小礼物。礼尚往来，是人之常情。其实，很多时候，对方在乎的并不是送去的财物，而是一种得到尊重和重视的感觉。恰到好处的礼物，能表现出我们的真诚和大义，还能促进我们和对方之间的关系。

周飘飘还是业务员的时候，就从公司的销售网络里发现了一个大客户。但是令周飘飘尴尬的是，这个客户曾与周飘飘公司的一个经理闹过不愉快，以至于周飘飘备受冷落。但她又不忍心就这样舍掉了一块肥肉，正当周飘飘无计可施之际，她发现客户的书架上摆放着许多石头，顿时计上心来。

第二天，她找了两名女工到河边捡了一些别样的石头，并仔细将它们分类整理好，打包成礼品的样子送给了那个客户。当她把石头拿出来时，客户顿时两眼放光。石头不值钱，但对喜欢收集石头的人来说，这是世上最好的礼品。

就这样，客户开始注意起了这个年轻的小姑娘，并在不久后跟她合作了一笔生意。也正是这笔生意，让周飘飘轻松地做到了销售经理的位子上。

俗话说："舍不得孩子套不住狼。"舍不得花钱就往往办不成事。以送礼的方法求人时，首先要敢送。如果在送礼时斤斤计较，患得患失，这样既达不到目的，有时反而会坏了大事。只要把自己的礼物送出去了，就一定会收到意想不到的回报。"吃人家的嘴软，拿人家的手短"，说的就是这个道理。

送礼可以表达自己的心意。"送礼"是一门艺术，礼不在多，不在重，关键要能够抓住对方的心，只要能传情，就好。并不是所有的送礼行为都能达到自己所想要的效果。只有把礼送到别人的心坎里，才能受到的对方的喜爱，才能拉近彼此之间的关系。

因此，送礼有约定俗成的规矩，送给谁、送什么、怎么送都很有奥妙，绝不能瞎送、胡送、滥送。要讲究谋略，才能事半功倍。礼物太轻，很容易引起别人的误解，认为看不起其人。礼物太重，会有受贿之嫌，特别是对上级、同事更应注意。有时候，还可以送其家人喜欢的东西。常见的送礼方式有：

1、送土特产

对于土特产，一般的意义上都是尝个鲜，所以说无论是亲朋好友，还是商务朋友，一般都不会拒收，因为拒收反而显得他们小家子气了。

2、寻找借口

如果想送给朋友烟酒一类的，可以跟他打声招呼"今晚上你那儿聚一聚，你准备菜，我带酒。"到时带上酒和烟，喝一瓶留一瓶，顺手也就把烟留下了，礼也送了，感情也深了。这是高超的技巧。

3、熟人引见

有时想给人送礼，但又跟受礼者不熟，不好唐突地登门拜访，可以找到受礼者的熟人。有受礼者的熟人引见，一般不会被拒礼。

4、了解对方的喜好

如果和与自己有利害关系的人拉关系，最好知道他本人最喜欢什么，这样，爱乌及屋，受礼者自然也就对你喜笑颜开了。

送礼是一门艺术，我们一定要明白其中约定俗成的法则。在求人办事时，一定要多借鉴成功的送礼经验，吸取一些失败的教训。让对方心悦诚服的收下我们的礼，这样，才能帮我们办成事。

7. 及时加固人脉网：做个勤劳的维修工

友情是需要养护的，就像养花一样，要经常给它浇水，否则它会败落。我们既然已用心建立了人脉网，就要精心的去经营，防止功亏一篑的事情发生。特别是当今社会，人际变动频繁，你每天都会结识新的朋友、新的客户。随着时间推移，过去的关系圈很快就会不适应现在的需要。一般来说，至少每三个月就要维护一下你的关系网。

我们知道，要想保持青春，就要经常去美容院去护理。那么，如果想让我们的人脉网保持强盛的生命力，在我们需要的时候为我们所用，就要勤劳点，多多为我们的人脉费些心。专心去寻找、去经营，多为我们的感情账户存蓄，这样就很容易赢得对方的好感。他们就很容易感受到我们真心的爱与关怀。他们同样会以同样的友好的态度来对待你。

施朵23岁的时候，一个人从英国到加拿大去生活。她刚刚到那儿的时候，对一切都很陌生，更不用说什么社交活动了，几乎都没有认识的朋友，很孤单。最重要的是有事的时候，她连一个可以求助的朋友都没有。一段时间之后，施朵决定要改变这种局面。

施朵每星期工作五天，每到星期六和星期天，她都会到朋友家去做客，她把这当成是一种经营人脉的方式。而周一至周五，她也会常常和朋友通电话，即使无事也打电话，哪怕是寒暄几句或者讲些无关紧要的事。

一段时间后，施朵一旦有事情，朋友会立刻聚在一起找解决的办法。哪怕是很棘手的问题，朋友也会尽心尽力地去帮她。

感情就是这样，再好的朋友长时间的不交往就会变得陌生，何况我们通过多种途径建立起来的人脉网呢？人脉网的稳固，需要我们的维护。因此，我们就要做个勤劳的维修工，不仅与我们的朋友联系，特别是对我们事业有帮助的朋友，更要保持亲密的联系。只有这样，在我们的管理下，我们的人脉网才能发挥重大的作用，时时能为办事提供方便。

人脉资源的重要性已经不言而喻，如果不维持一定的人脉，纵使我们很有能力，也会不能完全施展自己的才华。而朋友关系的运用，往往不能临时抱佛脚。一旦我们不注意维修我们的人脉网，我们也就陷入了僵局。其实，人脉网的维护很容易，打个电话，几句问候，一份小礼物，都是很好的方法。

如果现在你的交际圈还很窄，遇到“贵人”的概率还很低，钓不到大鱼，那么就应该对身边的小鱼多加关注，来一个“全面撒网、重点培养”，为自己创造一个日后发展的人脉基础。若你总是抱着“钓到的鱼不用喂食”的态度，把朋友们晾在一边，很可能落个众叛亲离，大鱼钓不到，小鱼苗也被饿死的后果。

我们要时刻懂得珍惜我们的人脉，即使再忙，也要找时间沟通感情。否则，好不容易建立起来的人脉网就会因为我们的不善经营和维修而丢失，等到关键时刻找不到人帮忙时才后悔就为时已晚了。

8. 珍惜每一次机会，有邀必赴

聚会是增加我们人脉大树枝叶的主要方式，如朋友聚会、老乡聚会、同事聚会，往往都是结识新朋友的机会。这些朋友很可能在聚会过程中成为自己的好朋友。因此，珍惜每一次机会，受邀必赴，是扩大人际关系的重要途径之一。如果你善于经营这种关系，那么若干年以后，在办事的时候，他也许就会成为你的贵人。

人都是有感情的，而感情来自交流。获得感情的唯一方法，在于平时多加联系。经常聚会就是加强联系、加深感情的一种方法。这种方式可以使我们在利益关系以外多了一层相知与沟通，在人情世故上多一份关心，多一份关照。哪怕遇到了不顺利的情况，也会互相体谅。

晚上有一场精彩的足球比赛，是巴西队对德国队。王法冬正想着晚上一饱眼福，结果朋友张喜打来电话，邀请王法冬到喜迎宾酒家一聚。王法冬感到为难，但还是爽快地答应了对方。

去喜迎宾酒家喝酒的还有张喜的其他几个朋友，其中包括年轻貌美的金帆。王法冬的座位恰好挨着金帆，两人在酒席中谈得非常投机。恰好金帆也是个球迷，她托她的母亲为她录了今晚的比赛，并邀请王法冬到她家看比赛的录像。王法冬爽快地答应了，并约好了时间。

后来两人的关系顺利向前发展，结为伉俪也就是自然的结果。如果当张喜邀请王法冬时，王法冬一味地考虑这次酒宴对他有什么现实的好处，他就有可能放弃应邀。而社交的妙处并不在于它能一下给予你什么东西，而是在于它总能够给你提供这样那样的机会。

聚会而结下的关系，有时会在危急关头能帮上大忙，起到排忧解难的作用。但是，一定要记住的一点是，这中间的好处是来自于自己的努力，如果你在与他们分开之后再也没有经常性的相聚，关系之好从何谈起，从中受益则更是一纸空文了。所以，只要你有这份心、这份情，真诚地维持分开之后的关系，你的人际面会更加的广泛，路子也会比别人多出几条。

聚会是一种变相的“感情投资”，适当的时候会“变本加厉”的收回。因此，在有人打电话过来邀请时，即使你已喝得根本不想再喝了，也应该愉快地应邀。只要没有特殊的情况，就应该回答对方：“没问题，我一定去！”

在按时赴约之前，要问清对方什么时候去合适。在拜访时要表现出由衷的高兴，那么对方一定会感到你是从心底里信任他的。对方请客后，你理所应当要说声：“谢谢您的款待！”也许，有时需要你自己掏钱请他们的客，你也要告诉自己：就算费点钱，但能够听到他们宝贵的经验之谈，也是值得的。

9. 以德报怨是最佳人情投资

《圣经·马太福音》中有这样一条教义：当有人打你的右脸时，你应该把左脸也转过来让他打。其实在办事的时候，这种以德报怨的方式，也可以用来感化对方，从而能化干戈为玉帛。所谓公理自在人心，对方或旁人自会看到你博大为怀的修养。而且这也极有可能是“一本万利”的最佳投资。

在办事的时候，对方算计你，你有能力报复，却不去报复，反而宽容待人、以德报怨，对方自然也就会与你拉近距离，成为你可以依靠的人。这样常常能够以很小的代价换来对方的信赖，并忠心耿耿地甘愿为你付出，更能够树立自己的威望，得到更多人的尊敬和拥戴。相反，如果你打击报复只能为自己埋下更多的怨恨，得不偿失，还会树立更多的敌人。

一位顾客在一家酒店门前摔了一跤。本来天气燥热得心烦意乱，又这样丢人现眼地跌倒在地上，他怒气冲冲地闯进酒店老板办公室，嚷道：“你们门前的地板太滑了，我在门口滑倒了，摔伤了脚，你必须马上把我送医院治疗！”边说边用手扶着脚部装出很痛的样子。

老板安静地听他说完，笑着对他向他道歉，并安排车辆送这个顾客去医院。然后，他和秘书一起扶着那位顾客来到车前，并拿出一双拖鞋让顾客换上。

当那位顾客离开办公室后，老板把他换下来的鞋交给秘书说：“顾客的鞋底都磨光了，你马上把它送到外面的修鞋处订上橡胶后跟。”

经过医院就诊检查，该顾客脚部无异常发现，一切正常。老板拿着医院的检查报告单对那位顾客说：“没有发现什么异常情况。走回酒店休息休息，喝杯冷饮解解暑。”

那位顾客听到这些话时，对自己刚才的做法感到有点内疚，并解释说：“地板刚冲过水、很滑，实在危险，我只是想提醒你注意一下。”又为自己找台阶下说：“这次摔倒的是我，要是摔倒了上年纪的人怕就麻烦大了。”

老板拿来已修好的鞋子说：“请不要见怪，我们冒昧地请人修了你的鞋子。您的鞋底都磨平了，若是穿着它在楼梯上滑倒，那可就太危险了！说实在的，您是第一位在我们酒店门口滑倒的人。”

那位顾客面带愧色，接过修好的鞋子，不好意思地说：“给你们添麻烦了，我掏腰包。”

“这是对您表示的歉意，你要付钱，就见外了。”

那位顾客被老板的宽容所感动。上前紧紧握住老板的手说：“请原谅我的无礼和粗鲁，我真对不起你！”

这位老板用宽容的胸怀和以德报怨的方法让这位顾客深受感

动，并且在以后的日子里他们成为了莫逆之交。

本来在门前滑倒，酒店是没有太多责任的，况且是顾客自己不小心摔的跤。面对对方的无理取闹，经理没有据理力争，而是用自己的行动感化了那位顾客，并且双方都成了一对很好的朋友。可见，以德报怨的投资一旦做好了，便会终生受益。

打击报复，仇恨越积越深。以仇报仇，无休无止。因此在办事的时候，我们要尽量地化解矛盾，团结共事。这样就会避免做无意义的争斗。

在办事的时候，我们难免会遇到这样一些人，他们常常在一些场合粗暴无礼，无端挑剔，明明是自己错了，却要倒打一耙，推卸责任，诿过于人。遇到这样的人时，不要“以牙还牙，针锋相对”，而应首先持以冷静和理智，让“沟通”得以继续。如果能做到宽以待人、以德报怨，任何不愉快的事都将迎刃而解。

10. 搞关系要循序渐进，不可操之过急

办事的时候，一定要搞好关系。但搞关系不能一蹴而就，操之过急只能适得其反。感情总是在不断的交往中加深的，只有在平时的相处中逐步体现出你对别人的关心和问候，一步一个脚印循序渐进，才能收到好的效果。

张萌参加一个社交聚会，交换了一大堆名片，握了无数次手，也搞不清楚谁是谁。

几天后他接到一个电话，原来是几天前见过面，也交换过名片的“朋友”，因为那位“朋友”名片设计特殊，让他印象深刻，所以记住了他。

这位“朋友”也没什么特别目的，只是和他东聊西聊，好

像二人已经很熟了那样。

张萌不大高兴，因为他对那个人没有业务关系，而且也只见了一次面，他就这样子打电话来聊天，让他有被侵犯的感觉，而且也不知和他聊什么好！

在现代社会中，这种情形常会出现，以这位张萌的“朋友”来看，他有可能对张萌的印象颇佳，有心和他交朋友，所以主动出击，另外也有可能是为了业务利益而先行铺路。但不管基于什么样的动机，他采取的方式犯了人际交往中的忌讳——操之过急。

拓展人际关系的法则是“一回生，二回半生不熟，三回才全熟”，而不是把你刚认识的人当做早已熟悉的朋友，理所当然地走熟悉的路线。这样不但不能达到预期的效果，还可能弄巧成拙。而循序渐进的方式，经过长期的磨合，可以让对方在不知不觉中被你套牢。

也许，你会认为要想真诚地和对方交朋友，有长期的来往，必定要采取积极主动的态度，以求尽快接近对方。也许对方会很快感受到你的热情，而也给你热情的回应。可是，大部分人都会感到压迫的感觉，因为他还没准备好和你“熟”，他只是痛苦地应付你罢了，很可能第三次就拒绝和你碰面了。如果太莽撞了，见了一次面就打电话聊东聊西，会让人一头雾水，对人过于热情会让人加强对你的戒备心理。

另外，人都有戒心，这是很自然的反应。对方对你采取的绝对是关上大门的自卫姿态，甚至认为你居心不良，因而拒绝你的接近，名人、富人或有权势之人，更是如此。

还有一种情况：如果你急于接近对方，就会很容易在不了解对方的情形下以自己作为话题，好持续两人交谈的热度，这无疑是暴露自己。若对方不是善类，你就等于自投罗网。

与人交往你必须花上一段时间，与对方保持平静的、持续的接触。这样靠心血积累出来的人际关系才值得信赖。

11. 要善于投资“人情生意”

人是有情之灵物，人人都难逃脱一个“情”字。俗话说“鸟为食而亡，人为情所动”，要想办事不花钱，就必须善做“人情生意”。

所谓“人情生意”，说简单点，就是能够在人情世故上多一份关心，多一份相助。这就如同一个人为防不测，养成“储蓄”的习惯。

张泰是广州一家笔庄的老板。1990 年在广州创业时是他人生中的最低谷。但他并没有放弃，而是经常出没于广州的各个画廊、美术院校，只要有机会就给别人看他的笔。

张泰在一个画廊里，看到任广州画院的副院长也来画廊参观。张泰看他气度不凡，就拿出一支上好的鸡毛笔要送给他，他看后感到很惊讶。这次巧遇使副院长对他的笔产生了浓厚的兴趣，以笔会友，两个人在研究笔的过程中结下了深厚的友谊。

为了让更多的人了解他的笔，副院长决定帮他开一个笔会，并免费提供场地。通过笔会，张泰认识了画院的更多的朋友。他们还帮助他解决了欠了多年的债务问题。还掉债务后，张泰的心情也轻松起来。时间久了，通过书画家们和顾客间的相互介绍，他的笔庄在广州渐渐闯出了名气。

如今，张泰已经拥有两个笔庄、一家工厂，每年制作销售毛笔四五万支，张泰正走在成功的创业路上。

可见，人情这东西虽然看不见，也摸不着，但只要你把人情像“储蓄”一样来个“零存整取”，到了需要时，你就会发现它既看得见，又能感觉得到，还有利息，会收获到比你当初投入时更多的东西。

而生活中，一些人忽略了投资“人情生意”，甚至已经忘掉了这一点。就会出现为了各自的利益，互相起疑心。结果“缘”就会由合作转为对立，人情变成了敌意。情场上，最爱的人常常会变成最恨的人。相互最仇视的对手，往往原先是最亲密的伙伴。反目为仇的原因，恐怕谁也说不清，留下的都是互相指责和怨恨。

这种情况出现的原因是：一旦关系好了，就不再觉得自己有责任去保护它了，往往会忽略双方关系中的一些细节问题。比如，该解释的情况不解释，总认为“反正我们关系好，解释不解释无所谓”，结果日积月累，形成难以化解的问题。有的人，总是对另一方要求越来越高，总以为别人对自己好是应该的；对方稍有不周或照顾不到，就有怨言。由此很容易形成恶性循环，最后损害双方的关系。

12. 利用自己艰苦的身世，博得对方同情

同情弱者是人的天性，在求人办事的时候，若能恰当地述说自己的艰苦身世，可以唤醒对方的恻隐之心，调动对方的怜悯之情，使对方在感情上与你靠近，产生共鸣。这样既能很容易地融洽人际关系，又能为办事打下牢固的感情基础。

日本歌手北岛三郎和职业棒球选手江川卓两人在日本家喻户晓，他们同时建造了豪华住宅。让人奇怪的是，一般老百姓认为北岛三郎的住宅修建的既漂亮又气派。相反，对于江川卓的住宅却说：建造这么豪华的住宅，真令人厌恶！

之所以会这样，是因为北岛三郎从小流浪，经过艰难困苦，才成为名歌手，这种艰苦的身世使老百姓对他有一种亲切感，同时也可以博得别人的同情。而江川卓就没有那种博得别人同情的

艰苦身世，所以，一些人都不愿意支持他。

求人办事的时候，自己的艰苦身世会巧妙地点醒对方身负的责任和手中的权力，会使对方衍生出一种自豪感，使他得到应有的尊重，并同时站到了你的立场上。到了这个时候，再难办的事情也能办得成。

2005 年央视的《梦想中国》为选手吴文璟拍摄的短片介绍：吴文璟出生在江苏南京，父母都是下岗工人，靠勤俭持家。父亲为了供他在南京艺术学院上大学，买断了工龄，并用仅有的 5 万元下岗金给他买了一架钢琴，剩下的钱交了一年的学费。这种情况下，父母不得不离开家乡，分别在福建和台州打工养家。懂事的吴文璟也经常在寒暑假勤工俭学，自己打工赚取学费。

正是凭着艰苦的身世，吴文璟博得了众多的选票和众人的同情，获得了那年比赛的冠军。

我们常常看到很多的名人富豪在自己的盛名下，大倒自己的身世苦水，述说自己的过去的艰苦生活。比如自幼单亲、生活艰苦、到处漂泊等等，都是为了获得别人的同情，牢牢抓住别人的心从而得到别人的支持和同情。

还有一种现象是有些人就是因为嫉妒、羡慕的心理，看不惯你。看到你高高在上，却因一些小事求助于他，为了维护自我尊严，他就想让你办不成事，做一些相应的防卫行为，有时还有可能转为攻击。在求他办事的时候，你不妨渲染一下自己的艰难身世，让其心理平衡一下。

第二章　想钓鱼就像鱼那样思考，投其所好办事更容易

求人办事，贵在攻心。所谓攻心，其含义是指你不仅需要准确了解对方的内心世界，而且还要在此基础上，因人而异，投其所好，进一步征服对方的心，使对方打心眼里信你、敬你、服你，甘心情愿为你效力。

1. 最会办事的人，往往是做了让对方感激的事

所谓："滴水之恩，当以涌泉相报。"最懂办事之道的人，会做一些让对方感激自己的事。比如，当别人遇到尴尬，或者"丑事"被你无意中撞破的时候，正确的做法是，不仅不要生张，而且要尽量为他人遮盖，帮别人渡过面子上的危机。事后，他必定会非常感激你，并加倍报答你的善举。

某日，王伟强和两位上司到委托设计的客户那里，对方除负

责的一位董事外，还有两位部长出席。当天是第一次见面，目的是刺探客户的意向。

双方在会客室站着交换名片。这时，一位部长的名片夹里有样东西掉在桌上。王伟强的视线立即扫过去，其他人的视线也跟上去。

突然，那位部长发出一声“啊”的惊呼，一副狼狈的样子，其他的人也屏息噤声。原来掉在桌子上的东西，是一张美女裸照。

那位部长慌慌张张地捡起来，然后战战兢兢地窥伺董事和对方的脸色。

“哈哈，没看到，没看到。”王伟强面带微笑地说。之后，商讨在愉快的气氛中进行。

尽管王伟强的胡话没谁会相信，可在当时的情形下，却起到了好的作用——照顾到了对方的面子，对方必定对王伟强心存感激，相信如果日后王伟强有求于他，他必定乐意效劳。

北宋年间，韩琦在定武带兵打仗，夜间伏案办公时，一名侍卫手捧烛台为他照明，一走神，蜡烛烧了韩琦鬓毛。侍卫吓得直哆嗦，韩琦一言未发，只是急忙用袖子蹭了蹭，继续低头办公。

过了会儿，韩琦回头观望，发现举蜡烛的侍卫换了人，他担心主管侍卫的军官鞭打那名侍卫，赶紧派人把他们叫过来，当着众人的面说：“不要替换他，因为他已经懂得怎样拿蜡烛了。”军中其他将士知道这事后，都为主帅的宽厚仁慈所感动，从此甘心为主帅舍命杀敌，帮助韩琦立下赫赫战功。

韩琦所为，与其说是对下属宽大为怀，不如说是他懂得收买人心，他为士兵求情，不仅让侍卫对自己心存感激，同时也赢得了全军将士的爱戴。

当然，让人对你心生感激的机会并不多，所以更要抓住一切机会，帮助别人、给予对方关心和好处。只有这样才能在你有事求于人的时候，轻而易举地找到愿意为你伸出援手的人。

2. 求人办事，要先想着对方的利益

在求对方办事时，对方并不情愿为你白忙活，他希望你也能帮他做些事情，有的甚至希望在他为你办事之前，先从你那里得到一些好处。如果了解了对方的这种心理，主动满足他的欲望，他就会很痛快地帮助你。有时对方没有什么需要帮忙的事情，此时你就要让对方精神上得到满足，表现出对对方的崇拜和尊敬，不断地夸奖对方的能力。

会办事的人在明白这个道理的前提下，会首先给自己相求的对象开出足够优厚的条件，尽可能满足对方的利益需求，然后再开口相求，事情就容易办得多了。所谓欲有所求，必先予之，就是这个道理。自己想要从别人那里有所得的时候，千万不要怕对方会得到好处。

第二次世界大战后不久，几个战胜国决议成立联合国，以处理世界事务。但是一个问题困扰着各国首脑：联合国总部设在什么地方呢？按理说，联合国总部应该设在一座具有影响力的大城市。可是，在任何一座繁华的城市建造联合国总部都需要很大面积的土地，大量的楼房、大量的资金，刚刚起步的联合国哪有如此的财力啊！

正当钱的问题让各国首脑们左右为难的时候，美国的洛克菲勒家族知道了这个消息，立即决定出巨资870万美元，为联合国在世界第一大城市纽约买下了一块土地，建造联合国总部。同

时，洛克菲勒家族也买下了这块土地周围的全部土地。

在人们惊异的目光中，联合国总部大厦建成了。很快，联合国总部周围的土地价格飙升数倍。没有人能够计算出洛克菲勒家族经营这片土地到底赚回来多少个870万美元，但人们却通过洛克菲勒家族学到了“予人有利，自己有利”的道理。

如果你与对方关系很密切，求他帮忙时，他不会提出条件来，那你也要多为对方考虑，尽量多为对方解决一些困难。不论关系多密切，你总求人家办事，而没有回报，时间久了也就不行了。

生活中常常见到有人抱怨朋友办事不讲交情。其实说穿了，抱怨的一方往往是由于自己的某种需求没有获得满足，而这种需要往往也是非常功利的。

互利是求人办事的一个基本原则。所以，在办事的时候，要需求平衡、利益均等。人类社会是建立在利益和利益关系的基础之上的，人脉网络是在利益的支配下活动的。利益原则是人际交往的根本。生活中，许多人将利益原则与道德价值对立起来，原因就在于将利益原则仅仅做了经济利益的理解。实际上，求人办事中的互惠互利也是合乎我们社会的道德规范的。没有利益关系的交往是一种最高层次的交往境界，很难要求所有人都做到。

每个人最基本的交往动机就是为了从来往对象那里满足自己的某些需求。所谓互利原则，既包括物质方面的，也包括精神方面的。会办事的人，实际上采取的求人办事策略是：既要感情，也要功利。

在分享利益的时候，尽力让对方多些，这样对方才会心甘情愿地帮助自己。天下没有免费的午餐，没有人做赔本的生意。我们只有给与，才能获得。懂得人情的潜规则的人，都是这样想着帮助别人，给与别人扶持的。无疑，这些人也能经常得到别人给的甜头。那么，如何让对方看到利益呢?

1. 经常强调利益共享

当对方看到利益是共享的情况下，就会不知不觉的信任我们、靠近我们。这样不仅能很好地化解对方的种种不良的猜疑，还能缓解和避免合作过程中带来的种种冲突。

2. 经常强调同伴意识

最好常用“我们”这个词，这样对方听到这个词后，就会认为自己也是其中的一员，就会很自觉地参与进来，还会很认真、负责的完成部分事情。对方会觉得自己的所作所为是导致该事情结果的直接原因。同时，还可以缩短与对方的心理距离。比如，我们说“我们是不是该这么做?”对方就会更有参与感。

3. 理解对方的难处，才能赢得对方的支持

要想钓鱼就要像鱼那样思考，只有从对方的角度考虑，理解对方的难处，才可以赢得对方的支持。在求人办事的时候，要明白对方不是神仙，不能呼风唤雨、有求必应。有时候，并不是对方故意不帮助你，而是心有余而力不足。

所以，对别人的要求不要过高，求人办事不要穷追猛打，一定要别人做到什么地步，否则就觉得对方不够意思。求人办事一定要懂得知足，别人能办多少就办多少，不要勉强。很多时候，我们应该站在别人的立场上去想想，真诚地关心他，时刻表示出你对对方的善意，这样才能感化对方，让对方为你尽力地办事。如果你完全不顾及朋友的难处，一厢情愿地把自己的问题都硬塞给人家。对方朋友可能会碍于面子答应下来，但是下次你再有什么事请他帮忙，就不好办了。

王飞是一个从几万元起家到拥有几千万资产的皮鞋制造商。在财单力薄的初期，他靠的就是以心换心、投桃报李，进而得到同行业的大厂家的认可，联合了所有的人力、物力、财力。

一次，王飞厂里生产的一种白鞋带、白扣的软皮鞋，在南方某个省份失去了销路，零售商天天打电话要求退货，这可急坏了地区批发商，他连夜赶来找王飞商量对策。这可是个大问题，如果把货收回来，积压在家里，批发商将受到巨大的经济损失。

王飞二话没说："你的困难，就是我的困难，不管什么原因造成了这种局面，我都决不会让你受损失，你把白带白扣的皮鞋统统收回，送到我这里调换成别的式样的鞋。"这个地区经销商感动地说："但也不能让你一个人吃亏呀。"王飞说："产销一家嘛，我们都是一家人，谁受损失都一样，这事理应由我来处理。"这件事传出以后，全国各地的批发商对王飞更加敬重了。王飞帮助人的事举不胜举。批发商、零售商对王飞为人着想的做法，都很感动。

天有不测风云，在1998年百年一遇的大洪水中，王飞用贷款修建的现代化皮鞋厂遭受了灭顶之灾，设备、材料、产品被冲得几乎一干二净，辛苦数年积攒的全部家底都在洪水中化为乌有。王飞犹如遭到了晴天霹雳，他甚至想到了死。在他万念俱灰的时候，他的销售网络中几个较大的批发商登门拜访，鼓励他重振旗鼓。可是，王飞还债的钱都没有，哪还有资金兴建工厂。一位批发商爽快地说："你放心，只要你肯继续干下去，钱的事包在我们身上了。"另一位说："过去，我们困难的时候，你帮助了我们，现在我们也决不能昧良心，袖手旁观。"五天后，那几位批发商召开了来自全国各地几百位批发商的集资大会，仅仅两个多小时，就凑齐了王飞重建厂子所需的资金，一星期后，王飞就恢复了工厂的生产。

在求人办事的时候，不要把你的习惯和逻辑思维带到与人交往的过程中去，不考虑对方的难处，会招人厌烦，会断送你的人脉关系。会办事的人，懂得细水长流的道理。也许这件事情朋友没有办法帮你，在下件事情上他的协助，就是你制胜的法宝了。理解对方的同时，还要让对方获得利益，这样对方会更主动，就会收到更好的效果。

4. 你为对方着想，对方才会为你着想

感情也是讲究礼尚往来的，这就是“投桃报李”的道理。求人办事，就更应该把为对方着想摆在首位。所谓“求人攻心”，这样别人才会愿意帮你。如同战场上同一个战壕的战友一样，战友之间有着相同的利益，共生死同存亡，每一个人都要勇敢地去战斗，才能取得共同的胜利。

如果你曾帮助过别人，别人一定会记得你的好，在必要的时候帮助你。所以，求人办事前，我们应该先在心里想一想，自己有没有为对方着想。

要求人办事，我们就要先为自己储蓄求人办事的砝码，这个砝码就是我们对别人的帮助，或者我们具有别人在未来利用的价值。

例如，你今天开办公司手头紧，我借给你 3 万元钱。而两年后，我要买房子钱凑不够，你的公司已经入了正轨，自会看在当初创业的时候我慷慨相助的份上，毫不犹豫的给我送来了急需的 5 万。

再比如，你帮助一个电视台的朋友润色稿子，会想也许某一天，我能借他的“光”上电视呢。比如，你帮助一个学会计的朋友解决生活困难，也许你会想以后我开公司了，他能帮我做账呢。我们如此想，别人心里自然也会加以权衡。

著名的社会心理学家霍曼斯提出，人际交往在本质上是一个能力资源交换的过程，也就是以事换事的过程。这就是为什么有的人会有更多的朋友的原因——他们可以给更多的人带来利益。人们喜欢交换，而不是施舍。你的交换条件越有档次，对方被鼓动的可能性越大，有时候可以达到立竿见影的效果。

俗话说："投之以桃，报之以李。"你为对方着想，对方才会为你着想。人是情感动物，需要彼此的互爱互助，既然是以情感为基础，那么就切不可像自由市场做生意那样赤裸裸地，一口一个"上次我帮了你的忙，这次你无论如何也要帮帮我。"或者"这次你帮我，下次我一定帮你。"忽视了感情的交流，会让人兴味索然，彼此的交情也维持不了多久。

5. 想吃草的给草吃，想吃肉的给肉吃

就像钓鱼，鱼之所以上钩，是因为鱼钩上有饵料，这就是鱼的所"好"。投其所好，才能把事情做好。这是一门打动对方的艺术。最佳的方式是跟对方谈论他最感兴趣、最珍爱的东西。食肉动物给其肉，食草动物给其草，这样才能打开对方的心理保护，俘获对方的芳心。

就像唐代诗人王建的《新嫁娘》中说的"未谙姑食性，先遣小姑尝"那样，办事的时候，要投其所好，抓住契机，取得了对方的欢心，才能达到自己的目的。从对方的兴趣和爱好找突破口，审时度势，化被动为主动，所作所为应到他的心坎上，就会为事情的进一步发展做好铺垫。同时，还能得到一笔巨大的感情储蓄。

相反，如果你不知道对方的兴趣和爱好，只顾自己好心好意地关心帮助对方，进行感情储蓄，在他看来也许毫无价值，这就起不到感情储蓄的作用，甚至会被认为是添麻烦，从而变成对感情账户的支取。

一位日本议员前去拜见埃及总统纳赛尔。尽管彼此的经历、兴趣、脾气等都极不相同，但日本议员为了搞好与埃及当局的关系，事先作了充分的准备工作，在谈话中极力运用认同的技巧。

日本议员说："尼罗河与纳赛尔这名字，在日本是妇孺皆知，今天这次谈话，我与其称您为总统，不如称您为上校吧（纳赛尔以前是上校）！因为我也曾经做过上校，和您一样，同英国人打过仗。英国人骂您是'尼罗河的希特勒'，他们也骂我是'马来之虎'。我读过阁下的《革命哲学》，我曾把它同希特勒的《我的奋斗》作比较，我发现希特勒是实力至上的，而阁下则充满幽默感。"

纳赛尔听了此番话语非常兴奋，说："呵，我写的那本书，是革命之后三个月匆匆写成的。您说得对，我除了实力之外，还注重人情。"

日本议员说："对呀，我们军人也需要人情。我在马来西亚作战时，一把短刀从不离身，目的不在杀人，而是为了保卫自己。阿拉伯人现在为独立而战，也正是为了防卫，正如我那时佩的短刀。"

纳尔赛大喜，说："阁下说的对极了，以后欢迎您每年来一次埃及。"

言到此处，谈判的氛围可谓是祥和温馨，转入正题。涉及到两国的关系及贸易时，谈判进行得一帆风顺，很快达成了一致的协议。

想吃草的给草，想吃肉的给肉。投其所好，可以从以下两个方面做到：

第一、努力寻找对方身上值得表扬的地方。

每个人身上都有闪光点，我们要善于观察，发现对方美好的一面。真诚的赞美别人。知己知彼，巧妙的交谈，就可以让自己在人群中所向披靡、百战不殆。

第二、努力寻找对方感兴趣的事物。

在现实生活中，我们往往会遇到这种情况，对方并没有听自己在说，而是在想别的事情或者是急于转移话题。可见，良好的沟通，要寻找对方感兴趣的点。这样在交谈中，双方的感情才能融洽。单单说一句感兴趣是不行的，要把自己真实的行动表现出来。免得对方发现自己的掩饰，弄巧成拙。

专家给出我们的建议是：先找出对方感兴趣的事物，再获得对他感兴趣的东西的相关知识，最后是向他表示你对这些事物的确很感兴趣。

6. 把着眼点放在对方得意的地方

获得对方好感和信任的一种方法是满足他的表现欲和荣誉感。当他沉溺于得意的快乐中，这时候，求他办事就很容易了。当我们把着眼点放在对方得意的地方时，就可以很容易说服对方按照自己的意愿办事。这种艺术是打动人心的最佳方式。

根据“马斯洛需求理论”，人有渴望被人尊重的心理。如果你把着眼点放在对方得意的地方，对方就会产生一种自信的感觉，觉得自己在这个世界上有价值、有实力、有能力、有用处。那么，他在为你办事的时候，就会像打了兴奋剂一样，尽心尽力。

有一位美国的老妇人向史蒂夫·哈维推销保险。她以一个深入人心的微笑和温暖的握手解除了哈维的“武装”，使他成为一个“心甘情愿的受害者”。

这位推销人员带来了一份全年的哈维主编的杂志《希尔的黄金定律》，滔滔不绝地向他谈她读杂志的感受，赞誉他“所从事的，是今天世界上任何人都比不上的最美好的工作”。她的迷人的谈话迷惑了主编45分钟，直到访问的最后3分钟，她才巧妙地介绍自己所推销的保险的长处。

就这样，老妇人获得了顾客的好感，成交了预定购买的保险金额5倍的保险业务。

从对方得意之处出发，适时地赞美对方，是赢得对方信任的最好方法。这样恰好迎合了人性的本能，是营造良好的人际关系必不可缺的一招。

另外寻求不同职位、不同行业、不同经历的办事双方的利益共同点，也是一种很好的沟通方式。这样，当对方与我们有了共同要努力的目标时，必定会全力以赴。

买面包的小姑娘杜拉一直试着将面包卖到纽约某家酒店。她在连续四年内，经常打电话给酒店经理，参加该经理的社交聚会，甚至在酒店订个房间，住在那里搞推销，结果都失败了。

杜拉在研究了为人处世之道后改变了策略，决定找到经理的“兴趣点”，她打听到经理是一家旅游协会的主席，不论在何处举行活动，他都必定去出席，哪怕是跋涉千山万水。

于是，杜拉再次见到经理时，就和他谈论他的旅游协会，一下子就打开了经理的话匣子，反应异乎寻常，语调充满着激情、热忱，协会显然是他的“生命之焰”、“精神支柱”。经理在面包商离开办公室之前，“卖”给了她一张协会的会员证。杜拉只字未谈面包销售之事。

几天以后，酒店的人主动打电话要杜拉送面包样品和价格单。4年努力未成，一朝交谈得手，全在于找到了对方的得意点。

让别人为自己办事，直来直去、开门见山都不能称其为一种好的方式，一般都很难达到自己的目的。相反，若转下弯，运用曲径通幽的方法，抓住对方的软肋，就很容易借到对方的力量了。

从对方得意的地方出发，不是教你狡诈，不是坑蒙拐骗，它也是真诚的一种。它需要动一点脑筋，是心智机能的调动。

7. 给别人面子就是给自己机会

中国人最大的特点就是爱面子，我们无论做什么事都会考虑到自己的面子。面子就是尊严，谁都希望自己在别人面前有尊严，被人重视，被人尊重。因此，我们在求人办事时，尊重对方，给别人留些尊严，这样办事成功的机会才会更大。

戴尔·卡耐基19岁的侄女乔瑟芬到纽约来担任他的秘书。高中毕业的她，由于经验不足，总犯一些不必要的错误。这让戴尔·卡耐基很恼火。正准备责备她的时候，他忽然想起自己19岁的时候，像蠢驴一样犯下的错误。自己几乎有乔瑟芬两倍的年纪，做事经验更是多出好几倍，当然不能要求她能有自己的看法、判断和主动自发的精神。戴尔·卡耐基不得不承认，乔瑟芬比他19岁时要好得多。让他惭愧得是，他却没有称赞过她。

于是，当乔瑟芬犯错的时候，戴尔·卡耐基总是这样说："乔瑟芬，你犯下了一项错误。其实，我以前也常常如此。判断力并非生来具备，那全得靠自己的经验，何况我在你这个年纪的时候还比不上你呢。我实在没有资格批评你或别人，但是，依我的经验，假如你这么这么做的话，会更好的。”

在戴尔·卡耐基耐心的语言下，乔瑟芬自然是开开心心地改正了自己的错误。我们都有这样的心理，当别人数说我们的错误时，我们会很难接受。但是，如果对方谦卑地自称他们也并非完美，我们就比较容易接受了。

无论什么人，内心深处都有一些尊严和体面，每个人都需要面子，而且也都希望自己有面子，有面子就能被别人看得起，表明他在人群中间有优越感。因此，无论任何时候，无论遇到任何人，我们都尽量给别人留足面子，这样别人才能有被尊重的感觉。

加拿大工程师埃利加里发现秘书常常把口授的信件拼错字，几乎每一面总要错上二三个字。那么，他是如何让秘书改正这一错误的呢？

就像许多工程师一样，别人并不以为他的英文或拼写有多好。他有个维持了好几年的习惯，就是常常随身带着一本小笔记簿，上面记下了他常拼错的字。他虽然常常指正秘书所犯的错误，但她还是我行我素，一点也没有改进的意思。于是，他决定改变方式，等第二次又发现她拼错时，他坐到打字机旁，打开随身带的拼写簿，翻到所要的那页，对她说：“这字也是我常拼错的许多字之一。不过，我现在已经特别注意了。别人常常以拼写来评断我们，如果出现拼错字，就会显得我们不够内行。”

埃利加里不知道他的秘书是否采用这种方法，但是很显然，自那次谈话之后，她就很少再拼错字了。

然而，在现实生活中，我们常喜欢摆架子、我行我素、挑剔、在众人面前指责别人，而没有多考虑几分钟，讲几句关心的话，为他人设身处地想一下，这样做，很容易出现不愉快的场面。很多情况下，只有为别人留足了面子，办事成功的机会才会更大。

所以办事跑关系时，要懂面子，首先就是要懂得如何照顾别人的面子。懂得了面子的道理，办事就方便许多，只要你能放下自己的面子，给朋友一个面子，相信你会在办事时获益匪浅。如果给对方留足面子呢？

1. 把面子让给对方

争面子的事，于人于己，都没好处，只会伤了和气。面子要让给朋友，不要去争。如果你觉得自己面子大，地位高，不把对方放在眼里，宽容之人会谦让你。碰上死要面子的朋友，就不会吃你那一套了，他甚至可能撕下脸皮和你对着干，这样只会让彼此的关系越来越糟。

2. 多照顾对方的面子

在生活中，每个人都会时时记得自己的面子，但也不能忘了给别人面子。多照顾对方的面子，对方就容易感激于你。这对于处理人情关系至关重要，无往不利。

3. 把面子给足，给体面

尽量避免公众场合内使你的对手难堪，必须时时刻刻提醒自己不要做出任何有损他人颜面的事。你要想想自己平时在什么地方不能让别人侵犯，用心地保护对方的自尊。

8. 用利益作为甜点

在办事的时候，让对方事先知道他将获得的收益，是有很多好处的。你可以暗示他，这件事本身就对他有益。或者是事情办好后，给他什么样的回报。这样对方就会觉得为你办事值得，就会高高兴兴、心甘情愿地主动、卖力为你做事。没有利益，办事就会缺乏一定的诱因。

你一旦让他知道做好这件事是有利益的，就会给他吃下了一颗定心丸。人性就是这么奇妙。但是，你给对方利益的时候，不要让对方感到这种利益是一种负担，这样会给他的心理造成一种压力。另外，给对方利益的时候，也不要表现出赤裸裸的交换，把每件事摆放得清清楚楚。忽视了感情的交流，会让人兴味索然，彼此的交情也维持不了多长时间。

美国一个大农场主洛麦在自己的农场里种上了大片的茶叶，茶叶该摘的时候，他雇了许多工人来采摘。

有一天，洛麦去农场巡视采摘情况，看到一些工人偷懒，地上也到处扔着茶叶。洛麦特别愤怒，让工头们解雇偷懒的工人，并要求不要乱丢弃茶叶，工头们答应了。

过了一天，洛麦又去农场巡视，发现情况依然存在，让人觉得不能忍受，因为严重浪费是一个方面，如果不抓紧时间采摘茶叶，茶叶将会毁掉了。他不明白，为何自己每次来这里，都能看见偷懒的人和浪费的现象，而那些工头天天在此，却好象没有看见一样呢？即使再三强调，却依然没有效果呢？

洛麦便去请教一位朋友，朋友告诉洛麦："因为农场里的茶叶是你一个人的茶叶啊。"洛麦一下子明白了过来，他这才认识到，因为那些工人得不到什么好处，所以有偷懒和乱丢茶叶的现象，要想工人们把事办好，快速采摘完茶叶，必须给那些工人们甜头和好处。于是，他立即召集所有的人开会，他在会上宣布："如果能尽快把茶叶采摘完，工人们除了工资以外还可以得到采摘茶叶收益的10%。"

开完会以后，洛麦再去农场巡视时，再也没有发现偷懒的工人，地上也没有胡乱扔弃的茶叶了。

在办事的时候，就要让朋友知道事情办成后会得到某种利益。要让朋友知道你求他帮忙办事，不是让他白帮忙，事成之后，他也会得到利益。如果你暗示或许诺对方：若把某种事办成功了，我保证给你多少钱，或者某种好处。对方就会心领神会，精神为之大振，为了得到某种利益，或者由于某种利益的诱惑，他会尽最大的努力，想尽办法，排除万难，最后的结果是很快就把事办成了。

李辉是某外企公司的一名文案策划，他努力好学，勤奋上进。为此在公司很是被老板看中。但是就在一个月前，公司接到了一个新的案子，需要在一个月内赶制出。因此，作为文案策划的李辉只能日夜赶工，以便能迎合客户要求从而制定出一套可行的实施方案。但是从因为半个月来，李辉一直都处在繁重的工作压力之下，为此不知不觉便产生了厌职情绪。半个月过去了，策划方案刚完成了一半，在工作中逐渐烦躁不安的李辉居然有了想换工作的想法。正当他苦苦挣扎时，老板却把他叫到办公室，对他近期的工作进行了一番赞赏的肯定，然后给了他一个大红包。李辉看着手里的红包心情一下子就好多了，原来自己的努力没有白费，工作成绩受到了领导的认可。为此，李辉又怀着愉快的心情赶制方案了。

利益是办事的基础，求人办事的时候，有利益和没利益，办事的结局是不同的。不愿给对方以利益，结果就可能是事没办成。让对方看到利益，对方会心甘情愿地为你办事。比如，现在一些公司给职员以许诺，签到合同，就按收益的比例给职员提成，这样做，就可以把很难办的事办成。因此，求人办事的时候，要刺激起对方的欲望，不时地给他些甜头，让人相信你所说的并非空话。

9. 要想办成事，必须事换事

在求人办事的时候，最好先为别人办件事，以事换事。你必须先付出精力去关心别人、感动别人，这样才能赢得别人回报的资本。精明的人会信奉“相互帮衬”之道。

“欲取先予”符合人们礼尚往来的心理活动规律。在社会上，不论办什么事其实都是对某种利益的追逐。而要在社会上获得某种利益，就必须保持一种相对稳定的利益平衡关系。在求人办事的时候，要考虑到不能让对方一味地付出，而在付出之前或付出之后总得还要有所得。让对方物质上、精神上、感情上先收获，才能很好的借用对方的力。

高乐是一位青年演员，很有天赋，演技也很好，却只有扮演小配角的机会。从职业上看，他需要有人为他包装和宣传以扩大名声，因此他需要一个公共关系公司为他在各种报刊杂志上刊登他的照片和有关他的文章，增加他的知名度。不过，要建立这样的公司，高乐拿不出那么多钱来。他必须借助别人的力量，他唯一能做的是为对方做事。

偶然的一次机会，他遇上了茉莉。茉莉曾经在纽约一家最大的公共关系公司工作了好多年。几个月前，她自己开办了一家公关公司，并希望最终能够打入有利可图的公共娱乐领域。到目前为止，一些比较出名的演员、歌手、夜总会的表演者都不愿同她合作，她的生意主要还只是靠一些小买卖和零售商店。

茉莉想要达到自己的目标，必须先为高乐做些什么。于是，两人一拍即合，茉莉答应做高乐的代理人，并为他提供出头露面所需要的经费。茉莉让一些较有影响的报纸和杂志把眼睛盯在他身上。这样一来，她自己也变得出名了，并很快为一些有名望的人提供了社交娱乐服务，他们付给她很高的报酬。而高乐，不仅不必为自己的知名度花大笔的钱，而且随着名声的增长，也使自己在业务活动中处于一种更有利的地位。

道家有云："将欲取之，必先予之。"精明的人在求人办事的时候，总能找到方法让对方觉得舒服。对方为他做了事还会觉得他好。在办事的时候，也会非常信任他。看起来，他先为对方做事，其实，他舍弃的都是点小利或者小恩小惠。

人是相互的，有时候，你无意中做了一点善事，有时往往可以让你得到意想不到甚至是十倍百倍于你付出的收获。

当年美国雀巢公司拟在印度莫加地区建立一家奶制品厂，但那里饲养的奶牛常常染病，多数农民只能生产自家需用的牛奶，根本无多余牛奶出售。面对此景，雀巢公司不是改变计划另寻产奶基地，而是在此地设立免费服务处，向农民提供治疗奶牛疾病的药品，并出资帮助挖新水井，这一高明之"予"，奶牛健壮了，出奶量猛增，雀巢公司的奶源问题因此迎刃而解。

办事的时候，先为对方着想，可以得到长远的好处，可以得到对方的认同，从而促使对方为自己办事的时候事半功倍。

这种办事方法要有分寸，在"欲取"之前最好不要暴露自己的目标，投其所好，让其尝尽甜头，待对方尝得高兴了，再顺势提出来。因为对方先得到了甜头，不但心情好，而且还可能产生知恩图报的心理，在这种心理驱动下，便很容易答应对方的请求。这种含有交换意味的办事方法，不管其形式如何，"舍小求大"应为其总的原则。如果你把握不好分寸，只会舍大得小，甚至"赔了夫人又折兵"。

10. 让朋友知道事情办成后的好处

在办事的时候，让朋友知道事情办成后的好处，会让朋友觉得你很有人情味，在帮你的时候效率不仅会提高，结果也会很大程度地接近你的目标。没有人愿意做吃力不讨好的事，也没有人喜欢做没有报酬的事情。即使是朋友，你的请求多了，对方也会不耐烦。但是，你给他一些甜点吊着他，他就会心甘情愿地帮助你。

求人办事，要想达到自己的目标，就必须刺激起对方的欲望。暗示对方，只要能办成事，好事就在后头，让他相信你所说的并非是一句空口大话。于是在不断的刺激下，他的欲望也就被挑了起来。

法国有家家庭用品公司，九年来生产迅速发展，利润以每年20%～24%的速度增长。这是因为公司建立了利润分享制度，提前告诉员工的利润分配，把每年所赚的利润，按规定的比率分配给每一个员工，这就是说，公司赚得越多，员工也就分得越多。

员工明白了“水涨船高”的道理，人人奋勇，个个争先，积极生产自不待说，还随时随地地挑剔产品的缺点与毛病，主动加以改进。

其实，在办事的时候，我们也要像这家公司一样，告诉朋友办成事后的好处。在这个物欲横流的经济社会，人们都在追求极大丰盈的利益，很少人能考虑到对方的利益。如果你能够及时地考虑到朋友的利益，他在心里上会有极大的安慰感，再加上事成后的物质收获，更会激发他尽心尽力地为你办这件事。

卡凡森先生很有精力，他是一家出版社的编辑，并担任下属的一个杂志的主编。

有一次，他主编的杂志在一次评选中获了大奖，他十分骄傲，逢人便提自己的努力与成就，同事们当然也向他祝贺。但过了个把月，他却失去了往日的笑容。他发现单位同事，包括他的上司和属下，似乎都在有意无意地和他过意不去，并回避着他。

像卡凡森先生这样，独占好处，只会引来骂名一片。别人了解到你的为人后，在以后的日子里也不会主动、心甘情愿地帮助你了。

因此求人办事的人，大可不必有被动的消极想法，而应利用本身的资本去吸引别人，去打动他，这才是求人的最高境界。也许你会说我一无所有，没啥资本，叫我如何吸引他。其实，资本全在自己开发，只要你会根据种种条件做出一条最有效的求人方案，付诸行动，包你成功。

11. 找准所求人心理的薄弱点

求人办事要投其所好，让对方从我们的话中领会到肯定、理解、欣赏和羡慕。说他爱听的话，换句话说，就是最大限度的发挥赞美的作用，而赞美的关键点就是。

恭维话人人爱听。特别是求人办事的时候，你对人说恭维话，如果恰如其分，说到对方的心坎上，他一定十分高兴，对你便有好感。越是傲慢的人，越爱听恭维话，越喜欢受你的恭维。有的人词严义正，说自己不受恭维，愿听批评，这是他的场面话，你如果信以为真，毫不客气地率直批评他的缺点，他心里一定老大不高兴。即使表面上未必有所表示，内心对于你的感情，只有降低，决不会增进。

叶老师对好朋友张律师说："上个星期，我的伞在市中心一所图书馆里被人拿走了。因为伞是妻子作为结婚礼物送给我的，我十分珍惜，所以，我花了很多钱在报上登广告寻找，可至今还是没能找回来。"

张律师听后问："你广告怎样写的啊？""就是如实写的啊。"叶老师一边说，一边从口袋里掏出一张从报上剪下来的广告。

张律师接过来念道："本人于上星期日傍晚于图书馆遗失黑色绸伞一把，如有仁人君子拾得，烦请送到长春路 24 号，必有酬谢。”

张律师说：“我是经常接触做广告的人的。登广告大有学问。你登的广告不行，找不到伞的。我给你写一个广告，再登出去，如果还是找不到伞，我买一把新的赔给你！”

张律师写的广告见报了的次日清早，叶老师打开屋门便大吃一惊。原来自家院子里已横七竖八地躺着六七把雨伞。这些伞五颜六色，布的绸的，新的旧的，大的小的都有，都是从外面扔进来的。

叶老师自己的那把黑色绸伞也夹在里间。好几把伞还拴着字条，说是没留心拿错了，恳请失主勿将此事声张出去。叶老师把这个情况告诉了张律师，张律师说：“这些人还是老实的。”

你知道张律师的广告是怎么写的吗？张律师的广告是这样写的：“上星期日傍晚，有人曾见某君从图书馆取走雨伞一把，取伞者如不愿招惹麻烦，还是将伞速速送回长春路 24 号为好。此君为谁，尽人皆知。”

张律师的广告能够如此奏效，正是因为他抓住了普遍偷伞人怕被抓到的心灵弱点。张律师的广告虽然有些狡猾和不实，但是毫无疑问，其语言是有说服力和杀伤力的。叶老师实事求是的广告没有奏效的情况下，张律师的广告达到了出奇制胜的效果。

只是，人们常常认为，恭维乃是小人所为。事实上，我们都应该清楚一个道理，恭维不是拍马屁。它如同鸦片，在医学上，它是很好的麻醉剂和镇静剂，可以用它来解除病人的痛苦。如果我们用得恰当，会取得意想不到的效果。办事的时候，不妨在嘴巴上有技巧地略施小惠，你就不需要花费太大的力气来解决你的难题了。

12. 投其所好，专挑别人爱听的事说

古人说："话不投机半句多。"说话是分场合和对象的，对待朋友或亲人的缺点，可以委婉地批评指证。对待与自己共事的人，则应该投其所好，去挑对方爱听的事说，往对方的脸上贴贴金。这样既可满足对方的虚荣心，也能够不费大力气达到自己的目的。

在办事的时候，投其所好，专挑别人爱听的说，才能满足对方心理。这就要你先去了解别人的兴趣所在，并且同别人去沟通他最感兴趣的话题，两个人之间或多或少都会有共同之处，比如说到什么样的城市去旅游，他说我喜欢到什么样的城市，你可以跟他讨论那个城市，因为那是他最感兴趣的话题。当你跟他沟通这样的话题的时候，他会感觉到你对他的关切，理所当然就会喜欢你了。那么，在办事的时候，你就会顺利多了。

爱德华·查利弗先生因赞助欧洲举办的世界童军大会而极需筹措一笔经费。于是，就前往当时美国一家数一数二的大公司，拜会其董事长。

在爱德华·查利弗拜会他之前，就听说董事长曾开过一张面额100万美金的支票，后来那张支票作废了，他还特地将之装裱起来，挂在墙上以作纪念。

所以当爱德华·查利弗一踏进董事长的办公室之后，立即针对此事，要求参观一下他的这张装裱起来的支票。爱德华·查利弗告诉他自己从未见过任何人开具过如此巨额的支票，很想见识见识，好回去说给小童军听。

董事长毫不考虑地就答应了，并将当时开那张支票的情形，详细地解说给查利弗听。

查利弗先生并没一开始就提起童军的事，更没提到筹措基金的事。出乎意料的是，那位董事长就主动问他今天是为了什么事？于是他才一五一十地说明来意。出乎他的意料，董事长不但答应了爱德华的要求，而且还答应赞助5个童军去参加该童军大会，并且要亲自带队参加，负责他们的全部开销，另外还亲笔写了一封推荐函，要求他在欧洲分公司的主管，提供他们所需的一切服务。

在办事的时候，谈别人感兴趣的话题，常常可以把两个人的情感紧紧地连在一起，而且还是打破僵局，缩短交往距离的良策。谈论别人感兴趣的事物，是一种愉快的与人相处的方式。因而，无论与谁说话，他都能谈得来，而且很快地与他们成为朋友。

“谈对方感兴趣的事”，对方一定会很乐意的。只要抓住了对方的兴趣点，不仅不会“半句多”，而且会千句也嫌少，越谈越投机，越谈越相好。那么，你最初的目的也会达到了。

李通是大学刚毕业的经济管理系学生，因为人力考试未能通过，只好在一家小公司当职员。按公司规定，试用期间每一个人在一个月内都要拉到一家新客户。可是他刚离开学校不久，又没有任何的背景，就很难接近客户。

眼看一个月的期限就快到了，他因没有找到新客户，失望极了。李通愁眉不展地踏入那家公司。看到主任的名片，忽然觉得其名字蛮奇怪的，竟然叫做“万俟明”，而他恰好又很喜欢看传统小说，以前在看《说岳传》时，书中有个坏人的名字就叫“万俟离”。他看《说岳传》时年纪还小，一看到“万俟离”三个字，就不知道怎么读，所以他特地查了字典。当时他一眼看见这人的名片上写着‘万俟明’，就礼貌地向前称呼他：“万俟先生，我是艾家公司的职员，今天特地来拜访您。”对方就吃惊的站起来，嘴里结巴的说着：“你……你…你怎么认识我的姓，一般人第一次都会念错，大部分人都叫我万先生。”

李通听到这里，高兴地说道：“这个姓可是有来由的，它原是古代鲜卑族的部落名称，后来变成姓氏的拓跋氏，就是由万俟演变而来的。”

李通看到对方越来越高兴，于是接口问道：“那您就是帝王之后，系出名门了！”那位万俟明先生听了后更加高兴的说下去：“岂止是这样，这个姓氏一千多年来也出了不少名人。”

用这个少见的姓氏做话题，他和那位公关主任聊了起来。尽管他并未说明来意，更没谈什么细节。但光凭这次愉快的交谈，就让他开发出一家财团做客户。而这家财团旗下所有的关系企业，全都与他的公司签下了合约，为公司增加了前所未有的业绩，同时也充实了一下自己的腰包。

奇迹就这样出现了，他不但开发出一个新客户，而且还借着这个客户的引荐，一连吸收了十几家新客户。他不但没有被炒鱿鱼，反而晋升成正式职员，薪水也连跳好几级，成了该事务所的“超级营业员”。

对他人感兴趣的人，会得到感激。因为我们总是喜欢那些对我们有兴趣的人。当你表示出对别人的兴趣，希望进一步了解他。那对方就会很感激，觉得荣幸。同时，你也就达到自己的目的了。

一般人都希望和他相处的人，有许多不同的特殊兴趣。有的他特别喜欢，有的比较淡薄。在办事的时候，如果可能的话，你应尽量找出他最感兴趣的事，然后再从这方面去接近他。倘若没有机会或者这种机会不容易得到，那么也该尽可能去选择他最大的兴趣供你利用，主要的目的是要使你发生兴趣，一旦他对你产生兴趣，才愿意跟你谈话，于是，你的目的也就会最终达到了。

13. 逢人多送“高帽子”，妙处无穷

美国的吉斯菲尔伯爵曾经说过：“有不少人，他们喜欢听相反的话；更有许多的人，喜欢别人把他们当作有思想、有理智的思想家。有一回，我与一个人讨论一件颇有争议的社会问题，我对他说：‘因为你是这样的冷静、敏锐，因此我想知道，我们究竟应该站在什么立场?’他听了我的话，立刻现出满面春风的样子，并详细对我说了他对此事的立场态度。”

其实，人人都渴望被他人所赞美、肯定。而要满足这些心理要求，我们就应该学会往自己的嘴上抹蜜。尤其是在竞争中成长起来的我们，更应该懂得适当的赞美他人，实则就是帮助自己更易通向成功。

曾经有一名叫做霍尔·凯因的颇具文才的作家。他的作品很有生命力，但是因为出身卑微，只念了8年书就辍学才找工作养家。不过，他很喜欢十四行诗和民谣，特别崇拜诗人但丁和欣赏罗塞迪的文学与艺术修养。

有一天，他一时兴起，写了一封信给罗塞迪，赞美他在艺术上的贡献。罗塞迪非常高兴，心想：“如此赞美我的人，一定也是很有才华的人。”于是就请霍尔·凯因来伦敦当自己的秘书。而正是因为霍尔·凯因的这一封信，成为了他一生的转折点。而自就任新职后，他和当时的文学家密切往来，得到他们的支持和鼓励，再加上自己不断的努力，不久，其文学名声便远扬各地。

在办事的时候，轻轻的一顶高帽子，就像浓浓的一碗迷魂汤，会让人喝得晕头转向，找不到北不说，还差点飘上了天。高帽子的效果实在是立

竿见影，威力无边，不可小看！办事途中，就得多备一些高帽子，关键时刻就恰到好处地送出，包管会起到积极的办事效果。

清代大学者纪晓岚，学问极为渊博，精通文史。他一生都在专心撰写《四库全书总目提要》上面。

乾隆皇帝微行来到翰林院。因为是微行，翰林院的官员没有任何准备。此时天气很热，纪晓岚正光着上身，这种样子怎么能见皇上呢？纪晓岚没有法子，只好躲到旁边的小屋中。

过了一段时间，纪晓岚听到外面没有动静了，便跑了出来喊道："老头子走啦。"

可是，正当他回过头来，却发现乾隆皇帝还在那里。纪晓岚大为窘迫，仓皇跪下。

乾隆问："你在说哪个呢？"

纪晓岚丝毫不迂腐，才思敏捷，应对神速。他沉着说道："万寿无疆就叫做老，首出庶物就叫做头，昊天之子就叫做子。"

乾隆皇帝称赞他回答得好。

乾隆皇帝好为人师。一天，他在宫中设宴，突然雅兴大发，要与群臣联对以助兴。此时天正下着大雨，乾隆借景先出一上联：玉带行兵，风刀雨箭云旗雷鼓天为阵。群臣连声称好，良久无人以对。乾隆正在得意，便点纪晓岚，要其续下联。

纪晓岚推辞一番后，慢慢道出下联：龙王充宴，日灯月烛山肴海酒地当盘。纪晓岚话音刚落，在坐的大臣们一片赞叹，夸纪晓岚的下联续得妙。可是，乾隆皇帝却面无悦色，沉吟不语。纪晓岚也是一个明白人，见皇帝如此情态，忙解释道："圣上为天子，因此风雨云雷任从驱遣，威震天下；臣乃酒囊饭袋，则只看到日月山海都在筵席之中，可见，圣上好大神威，为臣不过好大肚皮而已。”经纪晓岚这么一解释，乾隆觉得给了他面子，立刻笑逐颜开，还把纪晓岚表扬了一通，说：“纪爱卿饭量虽然好，如果胸中没有藏着万卷诗文，也不会有如此大的肚皮。”

逢人多送“高帽子”的秘诀就是向对方说让对方感到很有面子，很舒坦的话。有时与其谈一些使对方反感的堂正言论，不如聪明地运用技巧来尊崇对方，让对方愉快满足。只有真正设法让对方“舒坦”，才能顺利地办好事。那么到底该如何做好高帽呢？

1. “高帽”必须戴到对方的长处上

人总是喜欢奉承的。即使明知对方讲的是奉承话，心中还是免不了会沾沾自喜，这是人性的弱点。换句话说，一个人受到别人的夸赞，绝不会觉得厌恶，除非对方说得太离谱了。

奉承别人首要的条件，是要有一份诚挚的心意及认真的态度。言词会反映一个人的心理，因而轻率的说话态度，很容易被对方识破，而产生不快的感觉。

2. 背后称颂比当面赞扬效果更好

罗斯福的一个副官，名叫布德，他对颂扬和恭维，曾有过出色而有益的见解：背后颂扬别人的优点，比当面恭维更为有效。

这是一种至高的技巧，在人背后颂扬人，在各种恭维的方法中，要算是最使人高兴的，也最有效果的了。

如果有人告诉我们：某某人在我们背后说了许多关于我们的好话，我们会不高兴吗？这种赞语，如果当着我们的面说给我们听，或许反而会使我们感到虚假，或者疑心他不是诚心的，为什么间接听来的便觉得悦耳呢？因为那是赞语。

德国的铁血宰相俾斯麦，为了拉拢一个敌视他的属员，便有计划地对别人赞扬这部属，他知道那些人听了以后，一定会把他说的话传给那个部属。

3. **高帽不能乱戴**

对于不了解的人，最好先不要深谈。要等你找出他喜欢的是哪一种赞扬，才可进一步交谈。最重要的是，不要随便恭维别人，有的人不吃这一套。

高帽就是美丽的谎言，首先要让人乐于相信和接受，所以就不能把傻孩子说成是天才，那样会让人感到离谱；其次是措辞得体，不能俗不可耐、低三下四，糟塌自己也让别人倒胃口；再者便是不可泛泛而谈，毫无特点，不动脑子。

第三章　舍“小”是为谋“大”，先吃亏后办事

吃亏是福，有目的的亏值得吃。生活中能把亏吃在明处的才是真正的智者；最终的赢家往往在于不计较小处的得失。懂得吃亏的人，会把今天的损失，兑换成明天的收获。

1. 把吃亏当作一种投资

吃亏是一种糊涂的智慧，是一种变相的投资。吃亏越多，投资也就越多，回赠也就越多。在办事的时候，你只要会吃亏、敢吃亏，日后必有大“便宜”可得。

在生意场上，李嘉诚总是只拿六分，结果就会多出几百人愿意与他合作。如果他拿九分，几百人就有可能变成六个人，结果可想而知。这种宁愿吃亏的风度，才会有人乐于与他合作，他才会越做越大。

深圳有一个从农村来没什么文化的妇女，起初给人当保姆，后来在街头摆小摊儿，卖一个胶卷赚一角钱。这个妇女认死理，一个胶卷永远只赚一角，但是后来生意却越做越大，现在她开了一家摄影器材商店，还是一个胶卷赚一角；市场上一个柯达胶卷卖23元，她卖16元1角，批发量大得惊人，但凡是在深圳搞摄影的没有人不知道她的。

外地人的钱包丢在她那儿了，她花了很多长途费才找到失主；有时候算错账多收了人家的钱，她火急火燎找到人家还钱。这些事情听起来像活雷锋，可赚的钱不得了，在深圳，再牛气的摄影商，也得乖乖的去她那儿拿货。

据说汉代有俩邻居，一个叫金宝一个叫纪阖，一天夜里，纪阖偷偷地将隔开两家的竹篱笆向金家移了一点，以便让自己的院子宽一点，恰好给金宝看到了。纪阖走后，金宝将篱笆又往自己这边移了一丈，使纪阖的院子更宽敞了。纪阖发现后，很是愧疚，不但还了金家侵占的地，而且还将篱笆往自己这边移了一丈。

睿智的金宝敢于吃亏，让纪阖感到内疚，他产生了“以小人之心度君子之腹”的感觉，这就欠下了金宝的一个人情，即使他还了这个人情，但是每当他想起时，他还是会愧疚，还会想方设法报答金宝的。

常言，吃亏便是福，贪利便是祸。在现实生活中，有些人却本末倒置，功夫不是下在提高产品和服务的质量上面，而是通过弄虚作假、偷工减料、制假造假、坑害消费者而牟取暴利。这样有可能获得暂时的暴利，但长此以往会失去消费者，也就与利润无缘了。

不仅做生意如此，办事更是如此。乐意向别人付出，就能得到别人的信赖和帮助。

陈芸在上大学的时候，大家只觉得她心细如发，做事不那么雷厉风行。虽然通常会为她的好心而动容，但说实话，关于她的将来，还真没有人特别看好。从学校毕业后，他们那一届大多被分到一家由一些女性占据领导地位的国营单位，大家都觉得有点不那么自在，但陈芸与她们很快就融成一片了。

陈芸的单位吃年饭，一些妈妈级的同事们都把自己的小孩子带来玩，一般没有结婚的女子顶多出于礼貌过去逗孩子几分钟，吃饭的时候都躲得远远的，生怕孩子的油嘴、油手弄脏了自己的衣服。但是陈芸却不然，她看起来是真心实意地喜欢那些孩子，她坐在小孩子旁边，喂他们吃饭，给他们擦鼻涕……哪怕是自己吃不好饭，而且干净的衣服被弄得脏兮兮的。席终，她成了孩子们最喜欢的阿姨，妈妈们也同她结成了好友。

陈芸是分到单位去的同学中升职最快的。因为当时公关部内定的只有一个名额。大家怎么也想不到会是外貌、英文都一般的陈芸。陈芸似乎没有使用什么特别的手段，只是一味真诚地待人，哪怕自己吃点“亏”。

那时候，每次过节，单位里照例会分一大堆年货，陈芸的父母不在北京，善于吃亏的她有充分的理由把年货都送给组长刘姐。虽然陈芸在北京也有许多亲戚，但陈芸很明白刘姐在彼时对她的意义。果然，当领导来征求刘姐对新分来的一群大学生的意见时，陈芸的分数最高，领导通过刘姐最早认识了陈芸。

还有一次，大家起哄让主管请大家吃火锅。起因是主管平时比较节俭，但那次因为得了奖，拿了一笔不薄的奖金。去的时候，陈芸让大家先行，说有点事要办，但特别叮嘱大家要去包房，要等她到了才点菜。大家坐了好一会儿，陈芸才到，拿了一大包超市里买来的东西，神神秘秘的。等服务员一出包房门，陈芸赶紧从塑料袋里取出她从超市里买来的蛋饺、鱼圆、蟹肉棒、午餐肉、芋艿、年糕……

这样，每次请服务员出去加汤的当儿，陈芸就往汤里倒一大堆东西，结果，大家只花很便宜的价钱，就在那家有名的火锅城大吃了一顿。当晚，最高兴的当然是做东的主管。虽然大家对陈芸有点不屑，觉得二十出头的女孩子，弄得像一个斤斤计较的主妇似的，有点没劲，但陈芸的出头之日就是来得比较快。最后，陈芸还是同学中在北京最先买房、买车的人，大家不得不承认，她真善于"吃亏"。

每个人对周围的人都会怀有不同程度的期待之心，都想让与自己接触的人给自己带来某些利益。如果你能满足人们的这种心理，就一定能获得他们的好感。如果一点亏都不想吃，只会让自己的路越走越窄。人们对处处抢先、占小便宜的人一般没有什么好感。因为这种人从来不为别人考虑，眼睛总是盯着他看好的利益，迫不及待地跳出来占有它。他周围的人对他很反感，合作几个来回就再也不想与他合作下去了，这不就吃了大亏了吗？

有些人与合作伙伴合伙做生意，几年后一笔生意让他们所赚的钱又赔了进去，剩下一些设备，就让对方处理了，自己一分不要，好合好散。生意没了，人情还在。有些人，却患得患失，搞得双方很不开心，甚至反目成仇，大打出手。在以后办事的时候，前者还会继续得到对方的支持和帮助，后者不仅会名誉扫地，还会被人排斥。

2. 欲取先予，想占便宜先吃亏

人生欲有所取先要有所付出，在这个过程中吃些亏就在所难免。在办事的时候，吃这样的亏，可以让你的同事、朋友受益满足，他们就会记得你的好，这样就可以为你带来比旁人得到更多的人缘和成功的机会。

会办事的人，宁可自己吃点亏去照顾大家情面或者帮助别人一把，这样才能与人和谐相处并赢取别人的信任，使自己处处欢迎。你吃别人的亏越多，那么别人欠你的人情就越多，而人是有感情的动物，总有一天会“滴水之恩，涌泉相报”。

张冬、李明和王志国同住在一个宿舍里的同事，一天，王志国回到宿舍，拾到了李明的200块钱。李明于是怀疑是张冬拿走的，张冬不做任何的解释，赶忙向他道歉并当场给了他200块钱，后来，王志国回来后，将拾到的钱还给了李明，并说明了原委，李明感觉十分惭愧。从此，这两人都将张冬视为厚道诚挚的朋友。在以后的相处中，给张冬极大的帮助。

其实，人的本性是不乐意吃亏的。但是，如果我们想到吃亏之后的结果，就可以发现吃亏不一定是坏事。张冬的举措，让他获得了两个人忠诚的友情。并且，从另一个角度想，张冬的作法似也值得，假如真正拾到钱的王志国不还，李明确认为是张冬拿的，而自己还了他，久之，李明会忘了这件事，两人还是朋友，最怕的是，李明与张冬为拿200元钱的事吵起来，要知道在王志国没有还回来之前，越辩越糟，也许两人会反目成仇，友情告终。所以说在适当的时候，要敢吃亏会吃亏是非常有道理的。

如果是在商场，你与每个合作者分利的时候，你只拿小头，把大头让给对方。如此一来，凡是与你合作过一次的人，都愿意与你继续合作，而且还会介绍一些同行的朋友，再扩大到朋友的朋友，也都成了你的客户。人人都会说你好，因为你只拿小头，但所有人的小头集中起来，就成了最大的大头。舍小谋大，你才是真正的赢家。

王鹏从小学到高中，一直是很听话的学生，深得老师的喜爱，因此也常常被指派做各种工作，什么做各科负责人、抄黑板、改考卷、甚至给上课的老师倒茶，取教具等等，都是他份内的事。这些别的同学以为是“吃亏”的行为，王鹏不但不感觉到什么苦，甚至还很愿意做。因为他觉得能被老师看重是非常光荣的事。就这样，勤劳的王鹏一直读到了大学，虽然年龄增长了，但任劳任怨“吃亏”的性格还是没变。

由于王鹏的家在乡下，为了有很多的时间学习，他选择了住在学生宿舍，碰巧宿舍紧挨着实验大楼。因此，和实验有关的一切又使命似的落到他的肩上，他经常被助教叫去帮些什么忙之类的，这下可好，原来的计划没有实现，反倒给自己拢了新任务，不过王鹏不后悔。他总是随叫随到。

这不，实验室新近养了几只小白鼠，王鹏理所当然也成为一群试验用小白鼠的“保姆”了！每天不但要为那些小白鼠喂饲料，最受不了的，还得给它们换尿布。那股骚臭味简直令人作呕。这时的王鹏已不再是任劳任怨的小孩子了，有时候他也产生心也不甘情不愿的唠叨，但唠叨归唠叨，一想到这是自己的职责，哪怕就是算抱着吃亏的劲头也要继续做下去。

时间如流水般的滑过。小白鼠一照顾就是四年，转眼间，王鹏就要大学毕业，该考虑参加工作的事情了。那年正值美国经济萧条期，主修食化分析的王鹏，眼睁睁地看着一家又一家的食品工厂倒闭，当时真是怨叹到了极点。许多同学为了找不到工作而哀声叹气、愁眉苦脸，这也终于让王鹏死了心，决定打道回府回乡下农场当园丁了。就在这时，那些平日喜欢找王鹏帮忙的教授们，纷纷提出工作机会让王鹏挑选，那一瞬间王鹏感到无比地高兴，这时候他才恍然大悟，他终于明白了以前的工作没白干，亏没有白吃，他无怨无悔的付出终于得到了回报。

王鹏选择了别人不愿吃的“亏”，但是结果呢？他却得到别人得不到的东西。他的付出得到了回报。这就是俗话说的“傻人有傻福”。在办事的时候，不计较个人利益得失，总是任劳任怨，最后就会占大便宜。

在办事的时候，不管吃大亏还是小亏，都是一本万利的事情。古人早就说过“投之以木瓜，报之以瑶琚”。但凡事事要占便宜、不愿吃亏的人，到头来反而会吃大亏。

3. 示以利益巧办事

在与别人共事的时候，利字面前不妨礼让三分，多给对方点实惠，这样才能与对方建立起长期合作关系。

利益面前，人的本性容易计较得失。其实，懂得向别人展示利益的人才是真正的智者。在办事的时候，能舍弃小利益，就能换得大回报。生活中经常见的各种争端都是由于双方都不愿吃亏造成的，商场上的各种争夺都是双方不肯让利造成的。多为对方考虑，让对方拿大头，这样才能有助于你的工作平台的铺展。

杨士奇是明朝时历任五位皇帝的大臣。他为人谦恭礼让，以正理待人，从不存有偏见，受到历代君臣的称赞。自明惠帝以后多年，杨士奇曾担任少傅、大学士，他在政治、经济上的待遇都已是很可观了。明仁宗即位之后，让他兼任礼部尚书，不久又改兼兵部尚书。

面对如此浩荡的皇恩，杨士奇心中很是不安。他向仁宗皇帝要求辞谢，他说："我现任少傅、大学士等职务，再任尚书一职，确实有些名不符实，更怕群臣要背后指责。"仁宗皇帝劝解说："黄淮、金幼孜等人都是身兼三职，并未受人指责。别人是不会指责你的，你就不要推辞了！"杨士奇见君命难违，不能再推，就诚心实意地请求辞掉兵部尚书的俸禄。他认为，兵部尚书的职务可以担任，工作也可以做，但丰厚俸禄不能再接受。

明仁宗皇帝说："你在朝廷任职20余年，我因此特地要奖赏你才给予你这种经济待遇的，你就不必推辞了。""尚书每日的俸禄可供养60名壮士，我现在已经获得两份俸禄都已觉得过分了，怎么能再加呢？"杨士奇再三解释说。这时，身旁的另一名大臣顺势插话劝解说："你应该辞掉大学士那份最低的俸禄嘛。"杨士奇说："我有心辞掉俸禄，就应该挑最丰厚的相辞，何必图虚名呢？"仁宗皇帝见他态度这样坚决，又确实出于真心，终于答应了他的请求。

杨士奇能够让出自己的俸禄，是很难能可贵的，也正因为他主动让利，才使皇帝觉得他忠诚可靠，一心为国，不谋私利，是靠得住的大臣。这也是他能够在勾心斗角的朝廷之中安然度过五代的根本原因，哪一个做皇帝的不想用一个可靠的臣子呢？生活中也是一样，谁不想找几个可靠的人做合作伙伴和下属呢。

反过来想想，我们都想着占对方的便宜，也许会得逞一两次。时间久了，谁还会相信你这个朋友？办事讲究的是双赢，即使我们做不到"为朋友两肋插刀"，但是我们可以多为对方考虑点，多让利给对方。不管是朋友交往还是商业合作，都不是一次两次，也不是一两天。再说，等相互了解了，还会因自己的让利，得到一个一辈子的好友或好的合作伙伴，这难道不是福吗？

岛村芳雄是东京闻名的岛村产业公司和丸芳物产公司的董事长。他初来东京的时候做一家包装材料店的店员，只有一万八千元的薪金。家庭沉重的负担，经常让他身无分文。

爽朗的岛村芳雄并没有因此潦倒，他经常到街上闲逛。细心的他注意到街上的所有的女性们，都会拿着一个装东西的手提袋。他就预感到这是一个成功的机会。于是，他把全副心神凝注在这事情上面开始下苦功。几天后，他到一家跟商店有来往的纸袋工厂参观。工厂果然像他想象的那样忙碌，他就决定大干一番。

身无分文的他虽然有万丈雄心，但是却无从下手。但他知道如果让这个机会溜走，也许以后永远不会再有机会了。在万般无奈的情况下，他决心硬着头皮去各银行试一试。他尽其全力把对纸袋的未来远景、纸袋绳索制作上的技巧以及他的推销策略、该事业的展望等说了一遍，直到口干舌燥。每家银行都不把他放在眼里，甚至把他当做疯子。

岛村最后终于获得了三井银行的同情，得到了 100 万的贷款，加上亲戚的帮助，就立即设立丸芳商会开始绳索贩卖业务。他的条件远远比别人差，但他却用让利于别人的方法获得了合作。起初，他从黄麻产地冈山的麻绳索厂商，大量买进 45 厘米长的麻绳，照原价一条以五角钱卖给东京一带的纸袋工厂。完全无利润反而赔本的生意做了一年之后，“岛村的绳索确实便宜”的名声远播，应接不暇的订货单就从各地像雪片纷飞般源源而来。客户因他的做法而感动，心甘情愿的把交货价格提高为五角五分钱。就这样，他不仅获得了特别多的合作机会，而且还获得了很高的利润，一天的利润就有100万元。

不仅是朋友，对待家人更应该如此。亲人心甘情愿地吃亏，做子女的也不能理所当然的占这个便宜，要体会亲人的一份真情。要知道，在共事的时候，只要彼此都相让三分，家庭矛盾就不会经常出现了。这样就可以换得家庭的美满、幸福。

事实告诉我们，在办事的时候，如果在利益面前心如止水，并在关键时刻能主动让出自己应得之利，最终往往因能舍小利吃小亏而受大益。

4. 着眼全局 不计眼前得失

在办事的时候，我们要从全局出发，不要对眼前的利益斤斤计较，以妨捡了芝麻丢了西瓜。

一家电器制造公司与一家货代公司签订了运输协议，委托其承运一批物资。由于该制造公司的原因，该批物资不能准时发运，为此赔偿了近3万美元的违约金。其实这次违约并未给该货代公司造成实际的直接损失，而这笔赔偿金制造公司也有可能通过协议中的漏洞拒付。但制造公司在让对方了解到这一点的同时，依旧做出了赔偿，因此得到了对方的充分信任及肯定。在以后的业务合作中，该货代公司帮助该制造公司打败了其他竞争对手，并建立了长期的业务合作关系。

替别人打算，就是为自己打算。清代书画大家郑板桥曾说："为人处，即是为己处。"在与别人处事的时候，做到忍让，不与别人争强斗胜。有时候，不妨装糊涂，必要时睁一只眼，闭一只眼。在大局面前主动吃亏，暂时忍让，就会获得更多。

光武帝刘秀建武年间，朝廷听说甄宇很有学问，又待人宽厚，就把他征召到京城洛阳，任命他为博士。博士是教授官职，在当时最高学府太学里任职，为太学生讲授儒家经典。古时候，每年农历十二月初八为腊日节，是祭祀百神的日子。每至腊日，光武帝刘秀都要向太学颁诏，表示慰问，并赏赐每个博士一只羊，以资鼓励。

有一年，又到了腊日节，光武帝派大臣到太学里去慰问。大臣宣读诏书说：博士们讲学兢兢业业，焚膏继晷，十分辛苦。现在每位博士赐羊一只，带回家中，与家人团聚，欢度节日。诏书宣读完毕，博士们叩头谢过圣恩。随后使臣命随从把羊群赶进了太学院中，点过数目，交给太学的长官祭酒，祭酒和博士们高兴地送走了使臣。

等到祭酒回到院中，细一打量羊群，心中就犯了难。羊正好是 14 只，博士也正好是 14 位，一人一只，有什么为难的呢？原来这些羊有大有小，肥瘦不一，可怎么往下分发呢？分到肥羊的，当然会高兴，而分到瘦羊的，难免会说分配不公，待人有亲有疏。他想来想去，也没有想出个万全的办法来。

最后，祭酒只好把博士们都召集来，让大家商量，想一个众人都满意的方法。有一个博士说："羊本来就有肥有瘦，如果每人领一只，怎么也不会平均。依我看，不如把羊全都宰了，大家分肉，每人一份，肥瘦搭配，就不存在不合理的事了。"对这个主意，有的人赞同，但多数人不同意，认为大过节的，这些血淋淋的肉不好往家拿。

这个时候，又有一个人出了个主意，他说："还是用投钩（类似抓阄）的办法好，谁摊上什么样的就领什么样的，大小肥瘦全凭运气，也就不会有怨言。"在众人七嘴八舌争论的时候，甄宇静静地站在一旁，他想杀羊分肉，投钩取羊，都有损博士的声誉，会让世人耻笑的。于是对祭酒和众多博士高声说道："还是一人领一只吧。让我先牵第一只。"说着就走向了羊群。

对于甄宇的话，大家正在怀疑观望之中，只见他在羊群中选来选去，最后挑了一只最瘦小的。大家看到这种情形，就没人再争执了，都你谦我让，争着挑选小的、瘦的绵羊。

京城里的人都赞扬甄宇，管他叫"瘦羊博士"。这件事情很快传到皇宫，皇帝也听说了这事很是高兴，如是就下诏书给以褒奖，在后来还大大的提拔了甄宇，并委以重任。

所谓"我为人人，人人为我"，如果大家都能有吃亏的精神，那么这个世界岂不好得多了？在好处面前能够忍让退步，从长远出发，就能看到希望的曙光，也会得到大家的支持和贵人的提携。有些人目光短浅，过分地看重眼前利益，结果就会吃大亏。

虽然说在与别人共事的时候，贪小便宜是人之常情，但不是一个好的习惯和观念。贪小便宜不会发家致富，不会让自己的事业跃上一个台阶。

5. 满足别人之后，才提自己的要求

在办事的时候，满足别人，就是给自己机会。市场规律是：一件东西即使再好，如果不能满足别人的某种需求，不能够拿到市场上去交换，这件东西就没有价值。在人与人之间共事的时候也是这样，如果你不满足别人，别人也不会给你呈现价值的机会。只有满足别人之后，别人才能心甘情愿地给你更多的机会，你的要求也可以相应的得到满足。

周爱刚经营的公司运营面临着极大危机，难上加难的是韩商

企业不愿支付二十万元的广告费，追究原因是广告稿刊登的地址有误，而疏于校稿的业务人员，在客户通知禁止付款后，也因此一走了之。周爱刚为了保住这份业务，登门向这家韩商主管吉野先生道歉。吉野先生却要求他赔偿损失，并写道歉书及赔偿计划书，否则他坚持不肯付款。周爱刚心想丢了一个客户又算什么，何必为了二十万元向客户赔罪并提出赔偿计划？但是，不这样做的话会让一个个的顾客跑掉，事业就会很快地垮掉。唯一的一个办法就是满足对方，抓住对方的心，这样自己提出的要求也合情合理了。果然，周爱刚写了一份道歉书及赔偿计划书送到他办公室后，韩商主管当天就送给了周爱刚一份礼物。打开之后，发现是一张支票，二十万元的即期现金支票。就这样，周爱刚怀着这样的态度，公司经营慢慢完善起来，走向了正轨。

在办事的时候，即使不能满足别人，也要尽量避免伤害别人，不然，自己会反受其害。有的人自以为只要做自己的生意，走自己的路，便不容易树敌，但是，事情往往同他们的愿望背道而驰。因为，假如想依照自己的理想走完一生，你绝不可能随便与他人妥协；就个人来说，“独善其身”是一种高尚的品德，对别人来说，并不见得不是虚伪。

一次，芝加哥大学的校长哈伯先生需要额外的1000万美元来兴建一座新的建筑。他从一份芝加哥百万富翁的名单上寻找筹募捐款的人。结果他选了其中两个百万富翁，但彼此都是仇恨很深的敌人。

其中一位当时是担任芝加哥市区电车公司的总裁。哈伯博士选了一天的中午时分去见他。他对该总裁说：“我曾多次想到你以及你的市区电车公司。你已经建立了一套很好的电车系统，而且我知道你从这方面赚了很多钱。但是在你走后，你并未在这个世界上留下任何纪念物，因为其他人将接管你的金钱，而金钱一旦易手，很快就会被人忘记它原来的主人是谁。

“我常想到提供给你一个让你的姓名永垂不朽的机会。我可以允许你在芝加哥大学兴建一所新的大楼，以你的姓名命名。我本来早就想给你这个机会，但是，学校董事会的一名董事先生却希望把这份荣誉留给X先生（这位正是电车公司老板的敌人）。不过，我个人在私下一向欣赏你，而且我现在还是支持你，如果你能允许我这样做，我将去说服校董事会的反对人士，让他们也来支持你。如果你希望和我再谈谈这件事，麻烦你有空时拨个电话给我。”

果然，正如他所预想的那样，他刚回到学校的办公室，电话铃就响了，是电车公司老板打来的电话。他要求和哈伯博士约个时间见面。第二天早上，两人在哈伯博士的办公室见了面，一个小时后，一张1000万美元的支票已经交到哈伯博士的手上了。

哈伯博士的高明之处在于他满足对方，这样对方对自己就会产生好感，做起事来也方便，也会给自己一个机会。没有人会无缘无故地给我们机会，因此先满足对方，是我们获得机会的一个重要方式。假如我们始终都能做到想到对方的需要，那么，在做事的时候，我们能得到的帮助和支持就会更多。

6. 让小恩小惠成为办事的桥梁

人人都有无功不受禄，无劳不受惠的心理，而倾囊相助的义举却常常让人感到负担和压力，你本意是好的，对方却不容易接受。而在办事的时候，施与对方一点小恩小惠，则更容易让人对你产生信任和感动，获得对方的帮助。何况小恩小惠花不了多少的时间，有的甚至只是多说几句好话或者客气话。

某小企业长期承包那些大建筑公司的工程，所以，该企业的董事长经常对这些公司的重要人物拉拢关系，但他的更高明之处在于，他不仅奉承公司要人，对年轻的职员也殷勤款待。

在平时的时候，该董事长总是想方设法将那些大公司中各员工的各种情况作一个全面的了解。当他发现公司里有个人大有可为，以后会成为该公司的要员时，不管他有多年轻，都尽心款待。因为他明白，十个欠他人情债的人当中，有九个会给他带来意想不到的收益。他现在是在为以后更大的利益做很划算的投资。

所以，当年轻职员刘芳升为科长时，他就专门找了个时间前去祝贺，并赠送礼物。等刘芳下班之后，他还盛情邀请刘芳到高级餐馆用餐。刘芳从来没有来过这种高档的地方，自然对董事长的招待很感动。刘芳认为，自己从前从未给过这位董事长任何好处，并且现在也没有掌握重大交易决策权，可见这位董事长是真的爱惜人才，是个好人！

更为高明的是，董事长却说："我们企业公司能有今日，完全是靠贵公司的帮助，而你作为贵公司的优秀的职员，我向你表示谢意是应当的。"董事长的这番话，又给职员减轻了心理负担。

果然，没过多久，刘芳凭借自己的实力，登上了这家大公司的经理职位。自然，那位董事长以前的小恩小惠就起了作用了。在生意竞争十分激烈的时期，许多承包商纷纷倒闭，而由于刘芳对这位董事长公司的大力支持和帮助，仍旧生意兴隆。

其实，董事长的小恩小惠可视为爱心的表现。它不仅仅是一支唇彩，是一袋零食，是一句关心的话语，更是你对对方的重视和在意。在办事的时候，你心里有对方，对方当然也会想着你。这样不仅能使事情很快的办成，还能给彼此营造一种愉快的氛围。

当然，这些事情要靠我们平时的积累，关键时刻，你的那些小恩小惠将会得到数百倍的回馈。无论是经济上，还是精神享受上都划得来。更重要的一点，小恩小惠可以避嫌，大家会明白你这个人并不是故意拉拢人心。相反，如果你只在用得着别人的时候，才想得起用各种方式拉拢别人，别人很可能会看轻你，甚至会鄙视你。

7. 亏要吃，但要吃在明处

精明的人在办事的时候，会把吃亏做给别人看，而自己却在暗处占尽便宜。这样，别人让你占尽了便宜还会对你感激不尽，一举两得，何乐而不为?

在办事的时候，亏吃在明处是一种技巧。有一种人吃亏了，但是吃的是暗亏，人家还不领情，结果是“哑巴吃黄连，有苦难言”。这样多会两败俱伤，你吃了亏，对方心里也窝了气。而明处吃亏的人吃的多是小亏，他心里有数，自己这样做会出现什么样的结果。

春秋时期吴国有个贤士叫季札，一次，他出使路过徐国，顺便去看望老朋友徐君。徐君见他佩戴着的精美的剑，就十分喜爱，但又不好开口要，聪慧的季札怎么不知徐君的心意呢？但想到他需佩戴这把剑出使，也就没多说什么。等到季札出使回来，想把剑送给徐君时，徐君已去世了。季札异常悲伤，他解下剑，放在徐的墓前，他的随从感到奇怪，就问：

“徐君已死，你干嘛白浪费一把剑呢？”季札说：“徐君在世时十分喜爱此剑，我在心里也想把它送给他。现在，他去世了，我一定要把剑给他。”这件事慢慢传开去了，大家纷纷赞扬季札是个讲信义的人，许多人不辞千里的辛劳，来和他交朋友。

徐君人已经死了，季札完全可以不牺牲那把剑。况且，徐君去世了也不可能得到剑，这种看似一种愚笨的吃亏，实是一种大智若愚的作法，结果证实了这一点，季札失去一把剑，却得到许多贤能的朋友。

假如你为了面子，不懂得吃小亏而与朋友翻脸，事后后悔，但又会因为搁不下面子而放弃道歉那么你就会从此失去一个挚友。然而，真正的智者总会将它看得很淡。面子是一时的面子，朋友却是一世的朋友，为了面子而失去朋友不值得，因此这个亏值得吃。

在我国古代的魏国公韩琦有两只玉杯，用举世无双的宝玉做成，他又用白金装饰它，看上去更加光艳。一次，韩琦宴请朋友，一位朋友不小心将两只杯子一齐打碎。他看上去甚为恐慌，连连对韩琦作揖道歉。韩琦神态依旧，笑着对友人说：“所有的事物，或成或毁，都有他们自己的命运。你是失误打了它们，并非故意，何必道歉呢？”

有时吃亏是要为掩饰朋友犯下的错误，既让他觉得欠你一个人情，又让他知道自己做错了下回注意。会办事的人，会在做事的时候透露出人情味。如果朋友在众人或是你面前犯了错，你一定要抱着吃亏的心理，大方地给他一个面子，千万别出言尖酸刻薄。这样说不定在危机的时刻，他会念在你以前的情分上，对你尽心尽力，拉了你一把，来平衡他曾经对你亏欠。

当然，能不能主动吃亏，还与自己的承受能力有关，因为吃亏以后心理会失衡。所以，吃亏要把握一个度，这个“亏”一定要是在自己能力范围之内的，这样才能达到预期的“理想效果”。

在与别人相处的时候，总会因性格的不同和习惯的各异出现摩擦。但是，如果我们在办事的时候，适时的“睁一只眼，闭一只眼”，吃点小亏，那么就会减少很多彼此之间的冲突。聪明的人会让对方看到自己吃的亏，却让对方看不到自己占的便宜。

8. 帮助别人，自己也会受益

会办事的人都知道帮助别人，就是强大自己。正所谓“投之以桃，报之以李”。在共事的时候，你怎样对待别人，别人就会怎样对你。在生活中，我们经常会像溺水的人高高伸出我们的双手急切地呼唤别人的帮助，渴望别人帮助我们走出困境。你要想得到别人的帮助，就必须先帮助别人。

实际上，当你奉献和付出时，别人会用感恩的心来加倍馈赠你。即使别人没有反馈给你什么，这种精神上的享受也值得了。

制作糕点的小商贩哈姆威是北美狂热的移民中的一分子，但美国并非他想象中黄金遍地，他发现在西班牙出售糕点和在美国出售区别不大。

1904年夏天，哈姆威知道美国即将举行世界博览会，在政府允许在会场的外面出售他的薄饼后，他把自己的糕点工具搬到了会展地点路易斯安那州。

与相邻的一位卖冰淇淋的商贩的生意相比，他的薄饼生意实在糟糕。不一会儿，冰淇淋商贩就他把带来的用来装冰淇淋的小碟子用完了。哈姆威见状，就把自己的薄饼卷成锥形，让它来盛放冰淇淋。但令哈姆威意料不到的是，这种锥形的冰淇淋被客商们看好，而且被评为“世界博览会的真正明星”。

这就是现在的蛋卷冰淇淋。它的发明被人们称为“神来之笔”。

我们可以把别人看成是自己的延伸，帮助别人的实质就是帮助自己。在生活中，我们总是会遇到这样的声音“我帮助他，谁帮助我啊?”也许，别人说出来，我们就会觉得很病态，觉得此人不够善良。其实，我们有没有意识到自己也经常处于这样的境地呢?

不妨观察一下，社会上那些容易获得别人帮助和支持的人，往往是愿意慷慨付出、不求回报的人。这样的人常常会获得巨大的成功，而那些斤斤计较、不乐意帮助别人的人，不仅不会得到别人的帮助，还有可能会成为孤家寡人。

有这样一个故事：一个生气的男孩向他妈妈大喊他恨她，然后他又害怕受到惩罚，就跑出家，来到山腰上对着山谷大喊：“我恨你！我恨你！我恨你！”山谷传来回应：“我恨你！我恨你！我恨你！”男孩吃了一惊，跑回家去告诉他妈妈说，在山谷里有个可恶的小男孩对他说恨他。于是他妈妈就把他带回山腰上并让他喊：“我爱你！我爱你！”男孩按他妈妈说的做了，这回他发现有个可爱的小男孩在山谷里对他喊：“我爱你！我爱你！”

这个故事说明了，你怎样对别人，别人也怎么对你。中国有句古语：与人方便，自己方便。学会帮助、爱护别人，经常可以使自己有意外的收获。

但是，在办事的时候，帮助别人就意味着自己吃亏，别人得到的东西就意味着自己的失去。其实，事情并不是全部是这样的，有时候帮助别人，不过是自己的举手之劳。而对于别人来说，说不定就是生死关头。这样的大恩大德，别人会不记得回报吗？

9. 在小处忍让，在大处获胜

在办事的时候，小处忍让是收伏人心的好办法，也是舍小谋大的英明做法。在社会这个大家庭里，我们不得不与各种各样的人打交道，甚至还要与有些人长时间地相处。处理好彼此之间繁衍出来的各种矛盾，处处离不开忍让。

俗话说："两斗皆仇，两和皆友"。在共事的过程中，双方总是容易为一些小事计较，常常会因此心存隔阂，不欢而散。大多数人都是因为凡事不够忍耐，逞一时之气，这样就会乱了大谋。相反，如果双方都能在各自原则的基础上，相互礼让，这样就会皆大欢喜。

牛弘是隋朝时的一位大臣，他见多识广，待人宽宏大量，办事谦和忍让。因此，很受隋炀帝器重。他曾被允许与皇后同席吃饭，这是当时很高的礼遇。但牛弘依然车服卑俭，不改当初的习性。他不但仕途关系处理得好，而且家庭也搞得十分和睦。家庭中发生的每一件小事，他都能妥善处理好。

他的弟弟常常喝醉了酒找事。一次，他的弟弟因喝酒过多，射死了牛弘驾车的牛。牛弘从外面回到家后，他的妻子对他说道："叔叔喝醉了酒耍酒疯，将牛射死了。"

牛弘没有说什么，建议妻子做成肉脯就行了。他妻子做完之后再一次提起杀牛之事，牛弘却说："剩下的做汤。"没多长时间，他妻子唠叨起杀牛的事。这时，牛弘对妻子说："我已经知道了。"一点生气的样子也没有，仍像平时一样温和，甚至连头也没抬，继续看他的书。

妻子见丈夫这样忍让，感到很惭愧，从此以后再也不提这件事了。牛弘的弟弟也因此收敛了很多。

有贤文警句曰：忍得一时之气，免得百日之忧。会办事的人，在与人相处的时候懂得“小处忍让”的秘诀。他们明白世上没有白占的便宜，爱占便宜者迟早要付出代价。以吃亏为荣为乐，势必赢得人们的尊重和抬举。相反，见好处就捞，遇便宜就占，必定引起对方的鄙视。他每占一分便宜，便会失去一分人格；每捞一分好处，便会掉一分尊严。

俗话说：百忍成金。在办事的时候，忍让是开阔的胸襟和宽宏的度量，这会让别人意识到你高尚的人品。在以后的共事中，别人也乐意和你合作，甚至还会和你一样忍让。

历史上有一个著名的“六尺巷”典故：清朝康熙皇帝在位时，张英在京城做文华殿大学士兼礼部尚书，他老家桐城的亲人起墙脚建房屋时，与邻居吴姓人家因地皮发生争执，家人去信请他出面处理。“一纸书来只为墙，让他三尺又何妨。长城万里今犹在，不见当年秦始皇。”这位大学士看后立即回信写下了这首诗。张英让家人忍让，停止争执，退让地界。于是家人只好照办，主动让地三尺。邻居深受感动，也让出三尺，三加三等于六，这就成了“六尺巷”。从此，“六尺巷”在张英的家乡一时成为美谈，也让张英的美德名垂青史。

一个有作为的人，都是在不断地忍让和吃亏中成熟和成长起来，并且变得更加聪慧和睿智。天底下没有白吃的亏，这样才能获得大处的胜利。相反，一旦吃亏便愁肠百结，甚至一蹶不振，受伤的人只能是他自己。

第四章　与谁交往决定你的发展，会交朋友好办事

一个人办事能够获得成功，除去环境、机遇和个人能力等因素，是因为他能处理好人际关系，特别是善于结交朋友。交什么样的朋友决定你的办事的能力，如果你会交朋友，无疑等于给自己打开了办事的方便之门。

1. 有所选择，善交朋友比多交朋友更重要

“多个朋友多条路”，这句话曾一度被许多人奉为事业制胜的“法宝”。事实上，随着阅历的加深，我们会渐渐发现，朋友也并不是越多越好。俄国著名寓言作家克雷洛夫说：“选择朋友一定要谨慎，地道的自私自利，会戴上友谊的假面具，却设好陷阱来陷害你。”我们的很多朋友只不过是泛泛之交，当我们办事有求于他们的时候，他们并不能给我们必要的帮助。与其多面撒网，还不如深入交往一些感情、事业、生活上能相互扶持、相互帮助的“真”朋友。

如今社会纷繁复杂，结交的朋友也形形色色。在我们广泛交友的时候，一定要加以选择。那些凑在一起的酒肉朋友，在一起只会吃喝玩乐、互相恭维奉承，在我们落难的时候，他们都不会及时的帮我们一把，有的甚至仓皇而逃，更有甚者会落井下石。而那些真正的朋友，会在我们遇到困难的时候，伸出友谊之手，鼎力相助。

俗话说："玩要择伴，住要择邻。"在我们的人生道路上，朋友对我们产生的影响很大。在我们交朋友的时候，要选择明智豁达、胸怀博大的人，这种人一般都见多识广、博学多才，会处处给我们有益的帮助，在我们做事的时候会给我们很好的建议。而那些斤斤计较、小鸡肚肠的人，总会患得患失，在我们办事的时候，不仅不能给我们指明方向，还会拖我们的后腿。

善交朋友，最好要多结交比我们强的朋友，这样的朋友会促进自己的进步，让我们在办事的时候雷厉风行。与有才华的人交朋友可以在共事的时候，弥补自己的不足，激励自我超越对方。如果老和那些不如自己的人为伍，虽然能在很长一段时间鹤立鸡群，但在一起共事的时候会渐渐弱化自己原本不出色的技能。

《伊索寓言》中有一个这样的故事：有两个朋友一起出去办事。他们走在路上的时候，前面走来一头熊。他们都看到了路边仅有的一棵树。其中一个不顾对方的安危爬上那棵大树躲起来，另一个人只好躺在地上装死。那熊走近躺在地上的人，嗅了嗅他，他屏住呼吸，因为熊不咬死去的人。熊走了之后。树上的那个人下来了，问那个装死的朋友，熊对你说了什么？他回答说："狗熊告诉我，在患难中把你抛弃的朋友，绝不能再与他携手。"

在遇到危险的时候，那些伪朋友是不能跟我们患难与共，同舟共济的。这些人往往会当面恭维我们、背后却诬陷我们。而那些品德高尚的人会和我们在事业上相互帮助、相互促进，办事的时候也会游刃有余。

在我们选择朋友的时候，不要被其恭维的甜言蜜语所陶醉，不要被其恭顺的假象所迷惑，不要被其假惺惺的笑脸所欺骗。因此，在我们选朋友的时候要做好充足的心理准备：

一、要反复斟酌，冷静思考

在与其交往的过程中，要随时保持冷静的思考。仔细的观察、分析、判断，多考虑结果。注意在细节中考察其本质。狐狸尾巴总有露出来的时候，表面现象总是暂时的。

二、要经常自我反省

要从对方的优秀中发现自己的不足，及时地加以改正。在对方帮助解决问题的时候，尽力为对方做点什么以示诚意，这样的关系才能长久。

三、不要被其高高在上的光环诱惑

不要看到对方有钱有势就蓄意攀交，要明白自己的喜好，伪装的感情总是容易让人疲惫的。

通过上述方法的反复筛选后，要仔细考察这个朋友是否能有益于自己，在以后的日子里能不能为自己办事。尽量要选择各方面的能力都比自己强的人。在现实生活中，有六类人是值得我们结交的：

1、有着某种天赋或具有特别能力的人

2、具有自己不具有的才能的人，能辅助我们提升的人

3、思想和眼光独特、行动果断的人

4、比自己有经验、有学问的人

5、值得自己佩服和尊敬的人

6、有涵养、个性好的人

2. “势利”一点没什么不好，多结交有本事的人

在这里，我们所说的势利并不是贬义词，而是从互利的角度而言的。如果你所结交的朋友一无是处，只接受你给他的帮忙，会让他感到内疚。这样，久而久之，为了自尊，他会远离你。结交有本事的人，借助有本事之人的力量，我们办事就可以避免了好多的弯路。

有本事的人多是拥有了平庸之辈没有的高素质才会走向成功的。看看周围的人，那些出色的人，是不是随时都可以给你带来有益的信息和情感沟通。当你有困难的时候，是不是第一位能想出解决办法的人也是这些人。而平庸之辈，大家对他们好像可以视而不见。即使你不从得到知识、利益的角度考虑，久了，你也会觉得和这样的人在一起很乏味，做什么事都没有积极的动力。相反，那些只有索取和奉献的朋友关系才是非常脆弱的。现在的社会非常现实，交友“势利”一点没什么不好。有能力的人，人人都愿意结交。

> 汉高祖刘邦的八个皇子为了争夺太子之位，展开了皇子之间的你杀我夺的战争。可吕后想保住自己的儿子刘盈的太子地位。戚夫人是刘邦最宠爱的妃子，她想要刘邦废除太子，改立自己的儿子如意为太子。无奈之下，吕后找张良帮忙。张良献上一计：“皇上一直想招聘四个隐居的贤人出山，但他们始终不肯，若将他们迎为宾客，太子常请此四人赴宴，必会被皇上看见而问其原因。”就这样，刘盈因此事受到刘邦的欣赏，被高祖认为是其拥有恭敬仁孝的品质才让天下名人慕名而来。当然，也不想着废除刘盈的太子地位了。

刘盈的成功完全是借助四大贤人的盛名得来的，由于他们的名望才保

住了太子的地位。在现实生活中，也是这样，要想办事成功，除了个人的努力奋斗之外，还需借助他人的力量，特别是有本事之人的力量。

犹太经典《塔木德》中有一句话：和狼生活在一起，你只能学会嗥叫，和那些优秀的人接触，你就会受到良好的影响，耳濡目染，潜移默化，成为一名优秀的人。这也是结交有本事之人的益处。会交朋友，才能好办事。结交富人，你可以知道如何致富；结交有权势之人，你可以知道如何攀附权利；结交积极快乐的人，你可以知道怎样面对逆境和坎坷。

既然有本事之人的力量如此之大，在我们办事的时候能给我们极大的帮助。我们如何才能结交到这类人呢?

一、认清目标，寻找能彼此需要的人

在现实生活中，凭感情交朋友的人是不明智的，你可能因此纠缠到不必要的困境中。明智之举是通过拓展一些自己能用得着的关系。这需要你有冷静的头脑和过人的分析能力，动用丰富的经验网络给你带来实惠的有本事之人。

二、利用实际的关系

我们有可能不能直接结交到大人物，但是我们可以通过我们周围的关系达到我们的目标。关系有时候就是生命线，和外界保持某种程度的“关系”，消息才会灵通。这样就可以很明确的知道利弊在那里，知道出路在那里。

朋友的影响很大，也许会在不知不觉中改变你的命运。

3. “攀龙附凤”，跟善于交际的人交往

“攀龙附凤”，跟善于交际的人交往，才能突破人脉局限，办事的时候也会如虎添翼，为自己的人、物、事来增加光彩。

大街小巷的广告都喜欢用知名人士而不惜重金，实际上也是“攀龙附

凤”的应用。有头有脸的人都喜欢用的东西，普通人心理上容易认同。同样是消费，多一层名流的光环，自然很多人愿意借这个光。

美国一家公司所生产的天然花粉食品“保灵蜜”销路不畅，经理绞尽脑汁，如何才能激起消费者对“保灵蜜”的需求热情呢？如何使消费者相信“保灵蜜”对身体大有益处呢？广告宣传，未必奏效，大家见得多了。

正当一筹莫展的情况下，该公司负责公共关系的一位工作人员带来喜讯：美国总统里根在长期服用此食品。原来，这位公关小姐非常善于结交社会名人，常常从一些名流那里得到一些非常有价值的信息。这一次她从里根总统女儿那里听到了对本企业十分有利的谈话。据里根的女儿说：“20 多年来，我们家冰箱里的花粉从未间断过，父亲喜欢在每天下午 4 时吃一次天然花粉食品，长期如此。”后来，该公司公关部的另一位工作人员，又从里根总统的助理那里得来信息，里根总统在强身健体方面有自己的秘决，那就是：吃花粉，多运动，睡眠足。

这家公司在得到上述信息并征得里根总统同意后，马上发动了一个全方位的宣传攻势，让全美国都知道，美国历史上年纪最大的总统之所以体格健壮，精力充沛，是因为常服天然花粉的结果。于是“保灵蜜”风行美国市场。

攀龙附凤，无疑于顺风行船，结交几位权势之人，就可以呼风唤雨，大显自己的才华。没有什么不对，它是一种明智之举。早在清朝，左宗棠有个知己的儿子叫黄兰阶，要左宗棠为其写推荐信，却没有得逞。黄兰阶于是模仿左宗棠的字体写了封推荐信得到总督的倾爱，几年就升到四品道台。可见贵人的力量不一般，常常可以欺世盗名、瞒天过海。

交游广泛的人，拥有很多的贵人。这些贵人在一定的时候会给自己很大的帮助。争取多位权贵的提拔，会让自己提拔更快，这就是说，“攀龙附凤”会给你带来更多的高升机会。

华盛顿一个黑人市长访问中国时举行答谢宴会，席间服务员端上一盘点心，彬彬有礼地介绍说：“慈喜太后夜里梦见吃肉末烧饼，第二天早上碰巧厨师为她准备的正是肉末烧饼，她高兴极了，认为这正是心想事成、吉祥如意的象征。今天各位吃的就是当年慈喜太后梦寐以求的肉末烧饼，愿大家今后事事如意，步步吉祥……”一席话把美国客人逗乐了。华盛顿市长高兴地敬了服务员一杯酒，说：“下次来北京，愿再来你们这里做客!”

攀龙附凤，就可以站在巨人的肩上，看得远，走得快，是走向成功的一条捷径。古今中外，凡能成大事者，都会聪明地借助关系。用显赫之人的力量能抬高自己的身价，也会拥有一个由蚂蚁到巨人的转变。

4. 改变“熟人多，朋友少”现象

交朋友就像栽果树，有些到一定时节就会发芽、硕果累累，这就是朋友关系，有些则不能发芽，这就是我们所说的熟人关系。在我们需要帮助的时候，朋友常常能尽力而为。而熟人就不一样了，由于只是见面熟悉而没什么深厚的感情，在关键时刻较难得到他们的帮助。

在现实社会中，机遇与交际能力、交际范围成正比。熟人多，朋友少，多是由于自己没有很好地维护自己的关系网造成的。要想成功办事，就需要改变“熟人多、朋友少”的现象。平时用点心及时给那些有发芽可能的种子浇水灌溉、除草和施肥，在我们精心的维护下，它们就非常有可能在办事的时候为我们所用。

张强在一家报社广告部工作时常接触到海尔、春兰、百事这样的大客户，在日常生活中也做到把这些熟悉的面孔变成朋友。他给他们搞创意或争取版面时很卖力，这些客户很满意，因而彼此间关系十分融洽，渐渐成了朋友。后来，张强出来单干时自然想到了这些过去的伙伴。春兰空调恰好在该市还没有专卖店，张强就跟春兰空调销售部的负责人谈起此事，当然人家很给他面子，在众多竞争对手条件都差不多的情况下把独家销售权给了他。

张强对人际关系的这种精心经营，给他带来了事业上的风光。这就是把熟人变成真正的朋友的益处。可见，把熟人变成朋友，不仅需要--定的策略和计谋，还要有一定的眼光，舍得投资。当然，技巧也是必不可少的——

一、让对方喜欢你，吸引对方成为你的朋友

关系浅的熟人在你需要帮助的时候是没有义务帮助你的。即使你用委婉的方式提出，也有可能被婉拒。这就要你想方设法让对方成为自己的好朋友。在交往的时候，我们可能会碰到各种类型的人。有喜欢你的人，也有不喜欢你的人。要有“见人说人话，见鬼说鬼话”的本事。对于喜欢你的人亲近起来会很容易，让其成为自己的朋友也不是难事。

不喜欢自己的人，就要挖空心思让对方喜欢自己。首先，要把自己身上闪闪发光的东西展示给对方。让对方看到你的优点，尽可能地让这些优点吸引他、感染他。同时，激发他的宽容之心，让其包容你的缺点。其次，要控制自己的情绪。不要喜怒形于色，要避免正面的冲突。第三，要懂得寒暄，聊大家都关心的事情，让对方在交往过程中视你为朋友。

要想让对方喜欢自己，这就要求你在见到别人的时候，要主动分类，不同的人对待方式不同，形成属于自己的待人处事的逻辑。这样你的应变能力就提高了。

二、重视对优秀人物的投资

重视与优秀人物的结交，会让我们的人际关系处于一种良性循环的状态，会为我们的成功插上有力的翅膀。

制造机会，多接触，还可以通过朋友推荐多给对方留下好印象。在交往的过程中，用心学习对方身上有益的东西，请教他们教我们一招，帮我们一把，都是很好的交流方式。与优秀的人和成功者交朋友是储备关系的重要原则。

三、适时送熟人礼物，让他们接受自己

良好的朋友关系是需要维持的。送礼，是尊重别人的一种重要形式，是保持友谊的一种持续。每个人都希望能得到对方的礼物，这样，才能促进双方关系的发展。他在接受你的恩惠后，就会进一步靠近你，倾听你，与你建立良性的关系。

5. 对不良朋友敬而远之

结交朋友是一门艺术，需要我们谨慎的选择。有的人，有的人却内心空虚。你选择和什么样的人成为朋友，你的办事风格很快会与之类似。可见，择友而交是非常必要的，会交朋友，能办好事。

古语曰：“近朱者赤，近墨者黑。”结交优秀的朋友，你会时时感到自己身上迸发的生命力，感到幸福和快乐，办起事来也会大受鼓舞。与没有内涵的人做朋友，久了，自己会变成了乏味的人不说。在你办事的时候，还会拖你的后腿。

美国东海岸的一位商人凭借自己的毅力和艰苦的奋斗在事业上有了一定的成就，却很少顾及家人的幸福，于是他感觉很内疚，不久就迷上了喝酒，他觉得喝酒的感觉似乎可以让他暂时忘却烦恼。可是酒和累人的活又使得他昏昏欲睡，因此常常一喝完酒便呼呼大睡。有一天，这位经理遇到了一个年轻有朝气的小伙子，小伙子见他在借酒消愁，浪费时光，于是就劝他，或许他可以把更多的时间用于儿女身上，建立融洽的家庭关系。他觉得年轻人的建议不错，于是就照做了，刚开始时很不容易，常常想起那香气四溢的葡萄酒，但他告诫自己现在所做的事将有所得而不是有所失。后来的事实证明，他越是关心家庭和子女，工作起来的干劲也就越大。

结交优秀的人能在危难中解救你，能在困境中与你相伴，能在艰辛中给你相助，即使你落井时也会给你一根绳索，当你误入歧途的时候，会给你逆耳的忠言。置身于小人堆中，且不说有可能遭受其暗算，被其同化也是一种痛苦。这样的人还容易见利忘义，等他露出阴险狡诈的面目时，你已经后悔都来不及了。

“欲知其人，先观其友”，在茫茫人海中寻求到一位好友并不是一件容易的事情，关键是择友标准的确定，它会成就你交友的结果。司马光在《资治通鉴》中写：“聚德无才为君子，聚才无德为小人，聚德聚才为圣人。”如果把自己置身于品德高尚的人中，那么，你也将会成为德行兼备豁达挚诚的人，可见择友的重要啊！

记得格林伍德曾感叹道：“我宁可独自一人，没有朋友，也不与那些庸俗卑微的人为伍。”交友先要择友，选择德高行洁者为友，你的灵魂会得到净化；选择正直博才者为友，你的精神会得以升华；选择情操高雅者为友，你的心灵会洒满阳光。真正的朋友可以互相帮助与关心，可以真诚与坦荡地沟通，可以和你共患难、共甘苦。相反，不良的朋友会在你办事的时候，给你错误的提醒或忠告，让你离你的目标越来越远。或者是直接把你拖入泥坑，让你连翻身的机会都没有。

6. 顺境之中莫忘结交善缘

人在顺境的时候，总容易得意忘形，忘记朋友的好处，变得趾高气扬起来。这是一种缺乏远见的表现。朋友多了路好走，多条朋友多条路。不要总在危急的时候，才能想起别人，这样很难得到别人的帮助。因为别人很容易在这个时候看到你势利的本质。善于交朋友、会办事的人不论在什么时候都很注意结交善缘，这样，才会有好的人缘，才会有好的运气。在你需要帮助的时候，才会有人心甘情愿地帮助你。

华达国际投资集团董事局主席李晓华的经商秘诀之一，是建立良好的人际关系。国际上很多风云人物都与李晓华有私交，其中包括安南、老布什、叶利钦、普京、内塔尼亚胡、海部俊树等政要。澳大利亚前总理霍克先生是国际上著名的政治家和经济学家，李晓华聘请霍克先生为自己的经济顾问，霍克为他提供了许多独到见解，还帮他筹划远景。聘请外国前政府首脑为中国私营企业家服务，这在中国是史无前例的。这些海外关系，也为李晓华开拓国际市场提供了一张特殊的“通行证”。

李晓华的成功并不像我们看到的那样简单，我们要看到广结善缘的重要性。其实，广结善缘，对彼此都有好处。如果你人际关系好，在办事的竞争中会明显占优势，别人不仅会支持你，还会处处为你着想，处处维护你的利益。在顺境中，这些关系更能助你更上一层楼。

广结善缘并不像我们想象的那么难，只有做到以下几点就可以万事大吉了。

1. 精神上重视

在飞黄腾达的时候，我们往往有一种自我感觉良好的错觉，很容易高估自己，而看不到别人的好处，也不会有心思去广结善缘。从思想上，给自己播种这一观念，并有意识地叮嘱自己去这样做，是必不可少的步骤。

2. **在顺境中，不要自大**

在顺境中，好多人会认为成功完全是自己的功劳，而不再像从前那样帮助别人，以在所需时借助别人的帮助。。

3. **在顺境中，乐施好善**

越是功成名就、富有的人，越是吝啬，不愿意帮助别人。其实，在顺境中的人会拥有更多的帮助别人的资本，如果在这个时候帮助别人，即使给别人一滴水，别人会涌泉相报，有时候别人甚至会用自己的生命来回报给你。相反，如果你不乐意帮助别人，你有可能会落个孤家寡人的下场。

7. 结交暂时不得势的朋友等于买原始股

很多时候不得势的朋友只是暂时的，谁也说不定哪天就飞黄腾达了。“三十年河东，三十年河西”，投资这些不得势的朋友，等于买原始股。你给他的原始股越多，他日后给与你的会翻倍增加。当然，在日后求他办事的时候，他给予你的比你想象的要多。

投资大人物的人比较多，这样他的注意力容易分散，很难注意到你。而这些不得势的朋友就不一样了，没人搭理他的时候，你尊重他，相信他，鼓励他，他会对你特别在意。等到他变成大人物的时候，他也会继续对你特别在意。在你有所需时，他必尽力相报，即使你无所需，他一朝否极泰来，也绝不会忘了你的。

中山国君宴请都城里的军士，所有的人都分到了羊羹，唯有一位大夫司马子期没有分到。司马子期为此非常愤怒，为了报复，他跑到楚国，劝说楚王攻打中山国，中山君被迫逃走。

在逃亡的路上，他发现有两个人拿着戈跟在他后面，寸步不离地保护他。中山君回头看发现他们并不是自己平时的随从，他就问："你们是干什么的？"两人回答说："我们的父亲有一次快要饿死了，你把一碗饭给他吃，救活了他，我父亲临终时嘱咐我们：'中山君如果有难，你们一定要尽死力报效他。'所以我们决心以死来保护你。"

中山君感慨地仰天而叹："给予，不在于多少，而在于正当别人困难时；怨恨，不再于深浅，而在于恰恰损害了别人的心。我因为一杯羊羹而逃亡国外，也因一碗饭而得到两个愿意为自己效力的勇士。"

其实，英雄总有落难的时候，壮士总有潦倒的时候。只要有机会，他们都会一飞冲天、一鸣惊人。这就看你的那双慧眼有没有发现他的宝光了。一旦他摇身变成大人物的时候，你再去投资，效果就不一样了。一般说来，这样潜在的关系网，往往会成为你事业的催化剂，给你的命运带来重大的转折。

中科院院士、中国载人航天工程总设计师、2003 年国家最高科技奖获得者王永志，在 20 世纪 60 年代那个非常时期，还是个不知名的小人物，因为年纪轻、职务低而备受冷落。

在一次讨论会上，大家正因为火箭达不到设计射程又找不到解决办法而一筹莫展时，这个刚从学校毕业不久、只有中尉军衔的年轻人根据自己的实验大胆提出一个减少燃料的方案，被在场的"大人物"讥为"胡思乱想"，根本不予理睬。

后来，王永志大着胆子去见了航天工程技术总指挥——钱学森，钱学森觉得这个年轻人说得有道理，就叫来总工程师，要他们按照王永志说的办法去试验，果然获得了成功。王永志也终于受到了重视，并在钱学森关怀和支持下不断进步，很快成长为我国国防科技领域的领军人物。钱学森还破格推荐他担任我国载人航天工程的总设计师，他出色地完成了任务。

也许，你会认为他不得势，我用不着他，我也不会像对待贵人那样对待他。这样平时就忽视对他的联系了。过了几年，你却发现他竟然有了自己的公司，当上了老板。你在办事的时候，有求于他了。他的变化会不会让你后悔当初不该小瞧了他？俗话说，人不可貌相，海水不可斗量。所以，不要忽视暂时不得势的人，在他们身上不经意的投资，有可能带来意想不到的连锁反应。

独木难成林，你可以把这些暂时不得势的朋友视为潜在的关系户，这样你的人际关系可以更广泛。它不仅是日常生活的润滑剂，更会成为你未来事业成功的催化剂。越是容易被忽视的人，就越容易有机会帮助我们。我们可能一时没有看到其好处，但是从长远考虑，他们往往给我们极大的益处，可以让我们所办的事情得到立竿见影的效果。可见，多数时候，我们都应该主动出击，及早培植我们的潜在关系网。

8. 为你的朋友“存份档”

为你的朋友存份档，可以防止在求人办事时一把抓。美国前总统克林顿在每天晚上睡觉前，会在卡片上列出当天联系的每一个人，并注明重要细节、时间、会晤地点以及与此相关的一些信息，再让秘书输入自己建立的关系网数据库中。这些人在后来的政治立场上，给予了其极大的帮助。

一般可以采用计算机、笔记本以及名片册的方法来存档，三者各有优势，可以按自己的习惯选择。但并不是存了档就万事大吉了，要与这些人保持联系，这样才能防止用时方恨少的情况发生。那些办事处处通的人除了有他们本身的优越条件之外，还有一点就是他们身边有一群非常要好的朋友。这些朋友为他出谋划策，对他提出更高的要求而不让他有丝毫的松懈和放弃。这些人都特别善于运用朋友档案。

最重要的是利用“朋友档案”来帮助自己。最好在自己办事的时候，这个档案能帮助我们及时地联系到他们。这就要求我们在平时把别人的生日、兴趣爱好等内容收集起来，你就会加深对他的了解，也可以随时找出他关心的话题，谈他最珍爱的事物。这样做不仅会受到他们的欢迎，还会给你的生活及工作带来极大的帮助。

杰克是美国一家大公司的职员，做的是初级会计的工作。在公司内部机构几经调整后，他感到对各方面的工作都能应付自如了。他希望能从西部调到佛罗里达州去，以便拥有更好的前途。

不过，他与那个州的各家公司都没有任何联系，所以只能通过写信和职业介绍所来和他所知道的一些公司联系。但是，几个月过去了，他并未获得满意的结果。

于是，杰克决定通过关系网来办这件事。他动脑筋搜寻了一下自己所能利用的各种关系后，翻出自己的朋友档案分类，从这个分类表中，他选出能为他提供帮助的一些关系。

然后，他记下了这些人，他们直接或间接地同他想去的佛罗里达州都有联系，并且同会计公司有关。经过删选，他又选出了两个同会计公司的联系更加密切的人：一个是他的老板史密斯先生，另一个是他妹妹的好朋友南希。

杰克下一步的行动，也是最重要的一步，就是想办法让帮助自己的对象，首先获得自己的帮助。一旦做到这一步，那么对方就会以报答的方法来帮自己实现愿望。

杰克通过妹妹得知，南希对参加一个女大学生联谊会很感兴趣。于是，他就找到了自己的一位好朋友富兰特里蒂，因为这位好友的妹妹埃莉丝正是这个联谊会的成员。

杰克结识了埃莉丝，通过埃莉丝的介绍，南希见到了联谊会的主席，并顺利地成为该会的委员。

南希为此专门举行了一个庆祝晚会，并在晚会上把杰克介绍给了她的父亲。尽管她父亲同在佛罗里达州的任何公司都没有直接联系，但作为律师，他在那里的律师圈子里是很有声望的。

不久之后，通过南希父亲的一位朋友的帮助，杰克找到了佛罗里达州一家职业介绍所的总经理。在那位总经理的热情推荐下，杰克终于如愿以偿，不仅顺利调到了佛罗里达州，而且得到了一个十分满意的职位。

下面是建立“朋友档案”的几个小技巧：

1. 注意同学关系网的记录

很多的时候，老同学比较乐意帮助自己。大学同学甚至小学、高中同学，都是一笔大的人力资源。维持与同学的关系参加同学会、校友会是最好的方法。要随时注意老同学的动态，毕业数年后，你会发现自己的同学在全国各地、不同的行业会成为某一领域的精英。

2. 对周围的朋友进行记录

周围朋友的资料是不可以疏忽的。随时记录他们的住所、工作变动，以防找不到人。平时多和他们联系，记下他们的生日，在他们生日的时候不妨寄去一张贺卡或请他们吃一次饭。能维持好这些关系，说不定他们能在你急需帮助的时候助你一臂之力。

3. 对在各种应酬场合认识的新朋友进行记录

这些人可能生活在各行各业的各种阶层，可以彼此之间交换名片。最好是在名片上写下这个人的特点，这样下次再见的时候能很快地认出对方。最好记住对方的名字，这样对方会有种被重视和尊重的感觉。有时候，还可以根据专长、行业进行分类。不必很刻意去维持这些关系，但是，可以借故向他们请教几个专业问题，最好点出你们会面的场合或共同的朋友，这样可以让他对你有一定的印象。

成功的关系网，可以通过自己认识的熟人，再认识其认识的熟人，并让这些关系趋于稳固。这种良好的关系网能开拓自己的视野，让你了解周围所发生的事并拓展你的关系网。有些人很可能会在你的职业生涯上助你一臂之力。当然，有些人你也可以忽视，这些关系的维护对你来说帮助会微乎其微，太多的投入是徒劳的。

一般来说，良好、稳固及有力的关系核心应由 10 个左右靠得住的人组成。这 10 个人可以包括你的朋友、家庭成员以及那些在你职业生涯中联系紧密的人，他们构成你的影响力内部圈，而且你们彼此都希望对方成功、幸福。这种强有力的关系需要你一个月至少维护 1 次，因此 10 个人或许要用尽你所有的时间。电话、传真、聚会、电子邮件或是信件都是跟这些人联系的方式。

9. 别错过赏识你才华的人

这个世界上很多有旷世才华的人只能在平凡的角落里默默无为，甚至终其一生都不得志，这是多么可悲的一件事。如果你也不想把自己的才华埋没，那就别错过赏识你才华的人。自己主动出击，去寻找重视自己才华的伯乐吧。

俗话说：“一个篱笆三个桩，一个好汉三个帮，”“在家靠父母，出门靠朋友。”千万不要因为信奉靠自己的力量就能取得成功，而不肯或者不屑于同别人的提携作用。事实证明，这样的做法是不正确的。没有他人协助，谁也不能成功。

钟彬娴，想必早已为大家所熟知，她是雅芳公司百年历史上第一位华裔女性CEO，而她的成功之路也被许多人认为是一个奇迹。

1979年，一无背景、二无后台的钟彬娴以优异的成绩从普林斯顿大学毕业。钟彬娴认为从事零售业可以丰富自己的阅历，可以把自己的脸皮磨练得“厚”一点，而这有益于自己将来成为一名优秀的律师或者记者，于是，她进入鲁明岱百货公司做了一名销售人员。

没有想到在零售业原打算“锻炼才干，见好就收”的钟彬娴，竟不知不觉间爱上了推销员这个“说服别人购买自己产品”的极富挑战性职业，但是在她的家族里没有一人有零售背景，她意识到要想在这一行业里脱颖而出，或者有所作为，单单靠自己努力工作还是不够的，还要依靠关键人物的提拔。因此，钟彬娴决心在工作中拓展自己的人脉。

幸运的是在鲁明岱百货公司，钟彬娴遇到了公司首位女副总裁万斯。为了向万斯学习到丰富的工作经验和技巧，钟彬娴像对待老朋友一样对待万斯，并很快取得其信任，让她心甘情愿充当自己的职业领路人。在万斯的帮助下，钟彬娴在鲁明岱百货公司升迁很快，到了20世纪80年代中期，她已成为销售规划经理、内衣部副总裁。

1987年，万斯接受了玛格林公司的邀请，并且成为该公司首位女CEO。她建议已经和自己成为知己的钟彬娴和她一起去，于是，钟彬娴就跟随万斯来到了旧金山，5年后被提拔为高级副总裁。1991年，在美国营销界小有名气的钟彬娴被“美国奈曼玛克斯服装公司”相中，出任执行副总裁和时尚代言人，由此开始了自己单打独斗的商界生涯。

在钟彬娴成功的道路上，万斯扮演了一个重要的角色，如果没有她，恐怕就没有后来的钟彬娴。正如钟彬娴所坦言：“万斯女士，是我的职业领路人，不愧为金发‘洋伯乐’。有些人只是傻傻等待好运临头，可机遇是等不来的。而我却不是这样，我建议人们要抓住能带你飞翔的人的翅膀！”

一个人即便再有才华，如果不能遇到“识货”的伯乐，也不会有出人头地的机会。这样的故事有很多，大家都知道一个非常传奇的人物姜子牙，他在遇到周文王之前，一直是一个非常倒霉的人，但是周文王出现并发现了他，给了他极大的信任，因此才造就了周王朝几百年的江山。如果不是文王的发现和重用，他姜尚再有能力和本事，也不可能成就什么大事。

世界上总是千里马多而伯乐少，并且伯乐在明处，“千里马”在暗处。伯乐再有眼力，他的精力、智慧和时间也是有限的，等待可能会耽误你的一生。众所周知，如今早已不是什么“酒香不怕巷子深”的年代了，有才华的人也不能关在家里等着伯乐上门发现自己。你认为自己有才华，事实上这个世界上自认为有才华的人多了，所以，你要抢先被伯乐发现，就要先学会推销自己，展示自己的才能，让伯乐看到自己的本领。

一个能成大事的人，关键不在于他自身的能力有多强、多有才华，而在于他是否善于借助别人力量，借助别人的力量有多强。有些人总是认为自己的能力很优秀，不需要别人的协助，这往往会导致他走向黑暗的胡同。这样离成功就会很遥远，即使成功，也会费很大的力气，花费很多时间。如果能得到伯乐的认可，不仅可以加速自己的成长，还可以让自己的成功耀耀生辉。

10. 多结交比自己优秀的人

正如萨加烈曾说："如果要求我说一些对青年有益的话，那么，我就要求你时常与比你优秀的人一起行动。就学问而言或就人生而言，这是最有益的。"如果你是一个想成大事的人，就一定要多结交比自己优秀的人。在办事的时候，优秀的朋友总不忍坐视我们的颓丧，而时常鼓励我们，使我们增加勇气。

在办事的时候，年轻人之所以容易失败，是因为不善于和优秀的人交际。还有一种情况是，不少人总是乐于与比自己差的人交际，因为，在与友人交际时能产生优越感。可是从不如自己的人当中，显然是学不到什么的。而结交比自己优秀的朋友，能使我们更加成熟。

埃德沃·波克被称为美国杂志界的奇才。但是，他的出生根本没有任何背景，他在美国的贫民窟中长大，一生中仅上过6年学。6岁时，波克随家人移民至美国，边上学边打零工，什么样的脏活、累活都干过。13岁时，波克辍学，到一家电信公司工作，这期间他省下车钱、午餐钱，买了一套《全美名流人物传记大成》。

接着，波克做了一件史无前例的壮举：他直接写信给书中的人物，询问书中没有记载的关于这些人的童年往事。例如，他写信问当时的总统候选人哥菲德将军，是否真的在拖船上工作过？他又写信给格兰特将军，问他有关南北战争的事。

年仅14岁、周薪只有6美元25美分的小波克，就是用这种方法结识了美国当时最有名望的大人物，包括著名的哲学家、诗人、名作家、军政要员、大商贾、大富翁。当时的那些名人要人们，也都乐意接见这位充满好奇心、可爱的波兰小难民。

获得名人接见的波克，开始了他一生伟大的事业。为此，他努力学习写作技巧，然后向上流社会的名人毛遂自荐，替他们写传记。订单如雪片般飞来，波克需要雇用 6 名助手帮他写简历。当时，波克还未满 20 岁。

不久，这个传奇性的年轻人，被《家庭妇女杂志》邀为编辑。波克答应了，并且一做就是 30 年，将这份杂志变成了全美最高销量的著名妇女刊物。

埃德沃·波克，一个毫无背景的波兰难民，他和我们一样都是平凡人，甚至比我们的条件要差得多，但是他成功了，原因在于他善于结交比自己优秀的人。

要与优秀的朋友缔结友情，跟第一次就想赚百万美元一样，是相当困难的事。这原因并非在于优秀的人的超群拔萃，而在于你自己容易忐忑不安。其实，事实并不像通常所想象的那么困难，你完全可以无所顾虑地和优秀的人亲近。

美国有一位名叫阿瑟·华卡的农家少年，在杂志上读了一些大实业家的故事，很想知道得更详细些，并希望能得到他们对后来者的忠告。于是，跑到纽约，早上 7 点就到了威廉·亚斯达的事务所。

亚斯达觉得这个莽撞的少年有点讨厌，然而一听少年问他："我很想知道，我怎样才能赚得百万美元？"他的表情便柔和并微笑起来。俩人谈了很久，随后亚斯达还告诉他该去访问的其他实业界的名人。

华卡照着亚斯达的指示，遍访了一流的商人、总编辑及银行家。他得到的忠告对他赚钱也许没有多大帮助，但是他们给了他自信。两年后，20 岁的华卡成为他学徒的那家工厂的所有者。24 岁时，他是一家农业机械厂的总经理，不到 5 年，他就如愿以偿地拥有百万美元的财富了。

也许华卡结交优秀的人的做法是我们无法效仿的，但是他的信条绝对是值得我们学习的。总之，事业成功的人，有赖于比自己优秀的朋友，不断地使自己力争上游。我们出生的环境是我们无法选择的，但是我们可以选择改造我们的生活环境，可以选择我们的人脉关系，以此来帮助自己做事成功。俄亥俄州铁路局局长怀特给他儿子的忠告是："在学校要和一流人物结交，有能力的人不管做什么都会成功……"

既然优秀的人对我们如此重要，那么，如何才能具备吸引优秀的人的魅力呢？其实一点也不难。只要学会下列三项秘诀，就可以了。

1. 满足对方情感的需要

所谓情感需要，就是要满足对方对友情的渴求，那么，在你办事的时候，对方自然乐意助你一臂之力。

2. 给予金钱的利益

不给对方利益，会毁损对方与你交往的引力；给太多，会破坏友谊的纯度。在与之交往的过程中，你要时刻提醒自己，把握这个度。

3. 满足对方被需要的感觉

要明确地让对方知道，你多么需要他的帮助，而且除了对方没有人有能力帮助你。这样能大大地满足对方的优越感。在你办事的时候，对方就会乐意为你效犬马之劳。

第五章 脸皮厚手段巧，打通难办之事的关节

生活中，没有人能做到万事不求人。如果你脸皮太薄，放不下面子开口说出你的请求，别人又怎么会了解你的心思，进而帮助你呢？人在屋檐下，不得不低头，有时候脸皮厚一点，不怕拒绝，不怕冷遇，办事的成功率自然会提高。

1. 面对拒绝，脸皮不妨厚一点

生活中，万事不求人是不可能的，有时候还要一而再、再而三地求人办事。俗话说："人在屋檐下，不得不低头。"脸皮太薄，放不下清高的架子，自然也就不能为社会所接纳，不能与环境相适应。有的人脸皮太薄，被人挖苦一通就觉得受不了。面子上搁不往，动辄发誓再也不求人了。这样的人必然导致一事无成，还会惹人反感。正所谓"大丈夫能屈能伸"，求人办事时倒不如脸皮厚一点，这样别人可能还会欣赏你。

中世纪时期的欧洲由于各个王国内封建主连年混战，造成王权衰弱，局势混乱。由于罗马教皇可以统一指挥各国、各地区的基督教，这就使得罗马教廷成了凌驾于各国之上的政治实体，教皇成了各国国王的共同的太上皇。国王登位、加冕要由教皇来主持；和国王同行时，教皇骑马，国王只能步行；接见的时候，教皇坐着，国王要屈膝敬礼。

教会还在各国拥有 1/3 的土地，甚至一个人从出生、成年、结婚一直到老死，处处都要受教会的管理和控制，教会拥有自己的土地、监狱和刑法，向居民征取“什一税”，还用“开除出教”的办法来对付一切反抗者。

1076 年，德意志罗马帝国皇帝亨利与教皇格里高利争权夺利，发展到了势不两立的地步。亨利想摆脱罗马教廷的控制，教皇则想把亨利所有的自主权都剥夺殆尽。

矛盾越演越激烈，亨利首先发难，召集德国境内各教区的主教们开了一个宗教会议，宣布废除格里高利的教皇职位。在罗马的拉特兰诺宫则召开全基督教会的会议，不仅要德国人反对亨利，也在其他国家掀起了反亨利浪潮。

由于教皇的号召力十分大，一时间德国内外反亨利力量声势震天。亨利而对危局，被迫妥协，1077 年 1 月千里迢迢前往罗马，向教皇忏悔请罪。

格里高利很生气拒绝接见他，在亨利到达之前躲到了远离罗马的卡诺莎行宫。亨利没有办法，只好又前往卡诺莎拜见教皇。为了保住皇帝宝座，亨利忍辱跪在城堡门前求饶。身为帝王之尊的亨利屈膝脱帽，一直在雪地上跪了三天三夜，教皇才开门相迎，饶恕了他。

亨利恢复教籍保住帝位返回德国后，集中精力整治内部。在强大后，他立即发兵进攻罗马，以报跪求之辱。在亨利的强兵面前，格里高利弃城逃跑，客死他乡。

亨利在被拒绝后，并没有罢休，而是坚持着。他执着的勇气感动了教皇，这样让自己免于了被置于死地。往往精英遭遇拒绝的次数最多，他们在做事的时候，常常会能把别人的“不”化成下一次的“是”。

在求人办事的时候，脸皮不够厚的结果是“放弃了可以爬升的地位”、“放弃了一份新工作”、“放弃了一位为你创造利润的新客户”。这等于给自己设限，最后会连一点点机会都没有了。

戴维·史华兹出身寒微，15岁就辍学自谋生路，小小年纪就立志要做一个大企业家，而且不露声色地执行着自己心中的计划。

18岁那年，史华兹进入著名的斯特拉根服装公司做业务员。一年后，史华兹决定创办一家服装公司，开拓自己的事业。他和朋友合伙，用7500美元开办起一家小的服装公司。史华兹将全部精力都投入了这家名叫约兰奴真的服装公司，在他的出色经营下，生意相当不错。

他认为，老是做与别人一样的衣服是没有出路的，必须有一个优秀的设计师，能设计出别人没有的新产品，才能在服装业中出人头地。

一天，他出外办事，发现一位少妇身上的蓝色时装十分新颖别致，竟不知不觉地紧跟在她后面。少妇告诉史华兹这套衣服是他丈夫杜敏夫设计的。于是，史华兹心里就有了聘请杜敏夫的念头。然而，当史华兹登门拜访时，杜敏夫却闭门不见，令史华兹十分难堪。但史华兹知道，一般有才华的人难免会有些傲气，只有用诚心才能去感化他。所以他并不气馁，接二连三地走访杜敏夫的家，几次三番的要求接见。他这种求贤若渴的态度，终于使杜敏夫为之动容，接受了史华兹的聘请。

杜敏夫果然身手不凡，他建议采用当时最新的衣料——人造丝来制作服装，并且设计出了好几种颇受欢迎的款式。

脸皮太薄是阻碍办事的绊脚石。求人办事本来就是一件厚着脸皮的事，俗话说，求人三分短。不管对方是答应还是不答应，你是抱着求的心理来碰运气的。答应了，自然皆大欢喜，算是欠了一个人情，以后想着偿还。不答应，那就避免不了尴尬和难堪。

不管是社会上还是生活上，谁都不是万能的，都有求人办事的时候。没有人天生厚脸皮，这需要长时间和许多事的打磨。只要有一丝希望就要全力争取，不达目的决不罢休。办事的时候脸皮要厚点，要反复申请、反复渲染、反复强调，那么就一定会精诚所至，金石为开的。

2. 有张有弛，办事无往不利

在办事的时候，有进有退，才能无所不利。为人处事若毫无自尊，脸皮太厚，不行；反过来，自尊过盛，脸皮太薄，也不好。正确的原则是：从实际的需要出发，让自尊心保持一定的弹性。

办事太死、太乱等无视尺度的原因，许多本该成功的事会马上化为乌有。办事要有分寸意识，要有技巧。一位心理学家说："牺牲别人去做一件有利于自己的事已经不妥当，硬把这件事当作是对别人的一种慷慨施予，就是无可饶恕的自欺欺人行为。而且，到头来必定会失败的。"如果你一味地厚着脸皮去请求别人不能做的事，会引起别人的反感。如果你脸皮太厚，在他没来得及为你做好这件事之前三番五次地去请求他，他也许会因你的行为引起的厌烦心理停止为你办事。当然，脸皮太薄，不好意思开口，对方根本不知道你的请求，也不会周全地为你着想。

高文光为了求得上司的支持，频繁地往领导家里跑，尤其是在下班以后，也不管人家愿意不愿意，在领导家一“泡”就是几个小时。他以为这样，就能获得领导的好感，事情就好办很多。殊不知，这种行为不管有心无心都有“咬人不撒嘴”之嫌，会使人很不耐烦。

正如爱因斯坦所说，人是一种会计算的动物，他很容易能看出你请求的分量。如果他能帮助你，自然会帮助你。如果超出他的能力的，他也不会舍弃自己的所有。这些与你的脸皮厚薄没有关系。会办事的人，总善于从别人的言谈举止中，看到事情的玄机，从而保护自己的面子。

高乐乐除了英语的口语不好以外，什么课程都很好。尽管高乐乐的同桌杨帆是班上的英语课代表，可是高乐乐就是不爱张开他那张高贵的金口向对方讨教，因为他总觉得如果一开口请教杨帆，肯定就会被杨帆笑话，这样自己就丢了面子。

结果，在高乐乐的犹豫之下，他变得越是犹犹豫豫了，而他的英语口语也变得越加的不流利。有好几次，杨帆看到高乐乐蹩脚的口语都想给予帮助指正，可是高乐乐却一脸轻松的样子表明自己“没问题”，而且自己也有家教。

一学期过去了，到了真正验证口语考试的这一天。高乐乐才悔不当初，假如当时他能够利用一下自己的厚脸皮，不怕不好意思，大胆地向杨帆请教，那么肯定自己的口语也不会成为期末考试的一大难题。

脸皮太薄，不利于自己办事。脸皮太厚，也不利于自己办成事。怎样才能很好的掌握好脸皮的弹性呢?

第一，认清脸皮的承受力和现实的承受力的关系。过于自尊的人，总是把自尊看得很重。其实，不要光想着自己的面子，还要看到比这更重要的东西。有必要的时候，让自尊服从现实的需要。

第二，交际过程中，要审时度势准确地把握脸皮的弹性。

（1）当你被拒绝时。你进行辩解，甚至是争吵，倒不如接受这个事实，效果可能会更好一些。

（2）当你受到冷遇时。这时你不妨多想一想你的责任，为了完成任务，迅速加大自尊的承受力度。

（3）当你受到批评时。对于批评要能够正确理解，应采取虚心的态度，这不但不会丢面子，反而会改变他人的看法，给对方留下一个好印象。

3. 求人要有不卑不亢的态度

办事的时候，不卑不亢是自信的表现。一个缺乏自信的人不仅办不成大事、难事，恐怕连小事也很难办好。求人办事，不要觉得低人一等，显出卑躬屈膝，讨好巴结的姿态，那样只能引起对方的轻视和反感。把握恰当的分寸，既不低声下气，也不傲慢自大，才能赢得对方的尊重和帮助。

秦国在僖公十五年和晋国的一次交战中，大获全胜，并俘获晋惠公。秦国答应议和。于是，晋派阴饴甥前来谈判。

秦伯询问晋国的意见。“小人们以失去自己的君主为耻，为自己的亲属伤亡而痛苦，这些人不怕征税修治甲兵的困难而拥立太子圉为国君，声称宁肯屈事戎、狄之国，也一定要报秦国之仇。而君子们爱戴他们的君主而又明白他的罪过，他们不怕征税修治甲兵的困难而等待秦国的命令，一定要报答秦国的恩德。”阴饴甥回答秦伯道。

秦伯询问晋国对他们的君王的前途的想法。阴饴甥答道："小人们悲观失望，认为他不会被赦免；君子们相信秦国会宽恕，认为他一定会回国。小人们说：我们加害过秦国，秦国岂能放国君回来？君子们说：我们已经知道自己的罪过了，秦国一定会放还国君。有二心的就逮捕他，认罪了就放过他，没有什么比这更宽厚的恩德了，没有比这更威严的刑罚了。通过这一次战争，秦国可以做诸侯的盟主了。假如秦国扣留我们的国君而不让他君位安定，废弃他而不立他为国君，就会把感恩报德的人变成怨恨的人，秦国不会这样的。"

秦伯被阴饴甥说服。于是，改用诸侯之礼对待晋侯，让他住进客馆，赠送给他牛、羊、猪各七头。

就这样，阴饴甥以不卑不亢的态度挽救了自己的国王。面对地位高的人，一定要谨慎。因为他们总是生活在情绪不稳定的状态中，他们内在的恐惧，使他们脆弱敏感，别人稍有疏忽就会激怒他们，而他们也十分傲慢。然而，他绝对需要你的尊重和顺从，他的名气愈大，他就越需要别人尊敬、顺从他。在拜访他们之前，最好要先了解一下他的兴趣爱好，预先为谈话内容做好准备，还可以向有关方面的人去打听。

有些人之所以办不成事，其中有很大一部分原因就在于他们不自信，心理素质不过硬。有的人一见到强大的对手就怯场、自卑，而遇到地位比自己低的人又容易骄傲自负。要成办事高手，就要跳出这些心理陷阱，正确地看待自己，做到不卑不亢。在办事的过程中，态度不卑不亢，使人们对你产生与众不同的感觉，从而刮目相看。这样别人才会尊重你，办起事来也就水到渠成了。

要做到不卑不亢，关键是要摆正自己的心态，以下几点需要注意：

1、经常保持挺胸抬头的姿势

我们可以看到，成功的人、得意的人、获得胜利的人都会意气风发。

这说明一个人的内心越是自信，他的精神面貌就会表现的越生机勃勃。一个人越没有力量、越自卑就越无精打采。要想增强自信，就先在外表体现出自信的姿态，学会自然地昂首挺胸。

2、经常对自己说“我能行”

对自己说“我能行”是一种积极的自我暗示。经常进行此训练，可从中获得强大的心理力量。每次说的时候要果断，并且要反复地说，特别是在办事遇到困难的时候，更要用它来鼓励自己。

3、主动与人交往

一个自卑的人通常是孤独的，而一个有较好人缘的人则更自信。因为在人际交往中，可以感受到人与人之间的温暖。这种温暖和真情会使人充满自信和力量，使人对未来充满信心。不妨改变自己孤僻和害羞的性格，主动与人交往，如此不仅能提升自信，还能为办事积累人脉。

4. 有时“慢功夫”胜过急性子

在求人办事的时候，急性子往往会引起对方的反感和厌恶。俗话说：“不磨不成玉，不苦不成人。”许多事情是靠人“磨”出来的。这种“磨”不是一种无赖的行为，它是一种策略。这样可以有意避开对方的讳忌点，绕道而行，按照预定迂回路线，步步靠近。

当然，磨的时候要彬彬有礼，摆事实讲道理，还要对对方抱之微笑。要像上班、工作一样，经常出现在能让对方看到的场合，这样他就会明白你的需要。也许是你打动了对方，也许是你的坚持让对方再也不能忍耐下去了。这时，他就会帮助你了。

冯岚生与对象经过两年多的恋爱之后，终于决定登记结婚了。然而去登记时却颇费了一些周折，来来回回折腾了好几趟。

他骑车第一次去镇上登记那天刚下过雪，凛冽的北风刮得他只能推着车子前行，到了镇上找到民政员却拿不出公章来，见冯岚生气喘吁吁十分焦急的样子，民政员笑着说："小伙子别着急，好事多磨吗，你明天再来吧！"当时办事人员少，结婚登记需要跑民政、公安好几个部门，有时还真不好找人，就这样为了登记来回20多里的路程他跑了五六趟，才终于办成。

在求人办事的时候，没有人能一步登天。在你磨的时候，你会有更多的时间主动向对方解释，显示真诚的同时还可以引起对方的注意。既达到了与对方沟通的目的，还可以软化对方的僵硬态度。特别注意的是，在你磨的时候，要礼貌地等待答复，尽量不要影响对方的生活和工作。如果让对方感到你是故意找麻烦，就不是你想要的结果了。

在磨的时候，还可以采用迂回的办法。先借机靠近对方，暂不提要办的事，一旦拉近了双方的关系，对方也不好意思拒绝你了。还可以利用对方相接近的关系，从感情上磨对方，这种方式一般都不容易被拒绝。

兰玫最近十分苦恼，而之所以会这样是因为她的那副急性子为自己惹了不少事。例如她只要稍微有些不合意的地方就很容易急躁起来，就连求人办事她性子只要一来，就跟人急了。因此这样一来二去，很多朋友就此与她断了关系。

有次，兰玫下班后急匆匆，忘了将自行车锁上，结果第二天起来出去办事时才发现车丢了。这下她火冒三丈，又十分恼火，因为她要给一个客户去送文件。突然她想到隔壁王大妈家有一辆闲置的自行车，立马就去找王大妈借车了。王大妈听说兰玫的车被丢了，因此十分关心的问她，结果她却不赖烦的直接让王大妈拿车给她。本来王大妈一个六十多岁的人了，要去阁楼给她取车就很不容易，结果她还嫌王大妈太慢了，居然非常不客气的说：

“算了，我不跟您借了，我去找别人吧，您这太慢了，我的事情也要耽搁了。”本来给客户送文件本不是特别急，可是她这急脾气一上来，到嘴边的话就顺溜的说了出来。本来王大妈一片好心，最后弄得十分尴尬。最后，当兰玫再有什么事情相求王大妈时，王大妈总以自己年纪大了，腿脚不利索来回绝她。

俗话说，心急吃不了热豆腐，当一个人心急，表现出极大的不耐烦，失去耐性的时候，往往也会失去理智，而无法客观地分析事情的实质。求人办事不同于求已，人家前因后果，方方面面总是要考虑考虑的，有时候还要故意做些半姿态，让你看看。明明是给你磨的机会，你却看不出对方的这种虚荣，结果可想而知。

如果对方迟迟不给你结果，你不要急着催。这样对方很可能认为你不够信任对方，明明有心想要帮的事情，反而不乐意为你干了。

求人办事的时候，慢功夫常常胜过急法子。生活中办事总是一帆风顺的少，失败挫折的多。急法子，常常会让你用尽机智，却无法得到你所期望的效果。正如菜根谭所讲“伏久者飞必高，开先者谢独早，如此，可以免蹭蹬之忧。”

5. 找能说会道的人前去游说

能说会道的人能凭借智慧的语言，把话说得滴水不漏，把事办得无可挑剔。这样的人嘴里说出来就是一颗甜丝丝的糖果，容易惹对方喜欢。如果能让其游说，就会加大事情的成功率。

在社会上办事，说话水平的不同，导致办事效果的差异。有的人磨破嘴皮，却白费唇舌；有的人侃侃而谈，就能马到成功。有的人只言片语，会弄得剑拔弩张；有的人只需数语，就化干戈为玉帛；有的人话语不周，招致众叛亲离；有的人寥寥数语，获得理解和支持。能说会道的人能很快俘获人心，让对方乐意为自己尽心尽力地做事。

刘薇薇的公司经理派她到一富有农家去说服对方买其电气。刘薇薇知道这家的老太太特别难缠，就让能说会道的妹妹刘笑笑去当说客。

这一天，刘笑笑叫开了这家人的门，户主是一位老太太。她一开门见到是电气公司的，就猛然把门关上。直到刘笑笑多次叫门之后，老太太才勉强开了一条门缝来应付她。

刘笑笑客气的说："很抱歉，太太，打扰您了。我知道您对我推销的东西不感兴趣，所以这一次登门并不是来向您推销的，而是来向您买些鸡蛋。"老太太消除了一些戒意，把门开大了一点，探出头，用怀疑的目光望着刘笑笑。

刘笑笑继续说："您喂的山鸡吧？我看见它很漂亮，想买一打新鲜的鸡蛋带回城。"接着刘笑笑充满诚意地说："我们城里鸡下的蛋是白色的，我的妈妈喜欢做蛋糕，但她说白鸡蛋做出来的不好看，所以就要我来买些棕色的蛋。"这时候，老太太从门里走出来，态度比以前温和了许多，并且和她聊起了鸡蛋的事。刘笑笑又指着院子里的牛棚说："老太太，我敢打赌，您养鸡肯定比您丈夫养牛赚钱得多。"老太太被说得心花怒放，

于是高兴地把她带到鸡舍参观。刘笑笑一边参观，一边赞扬老太太的养鸡经验，并说："您的鸡舍，如果能用电灯照射，鸡的产蛋量肯定还会更多。"

两个星期后，这位老太太联系刘笑笑说："虽然我知道你还是在向我推销，但你很会说话，说的话让我很高兴。为此，我决定成为你的客户。"就这样作为姐姐的刘薇薇很好完成了公司的

任务。

刘笑笑的能说会道就像诱惑人的鱼饵，很快就钓到了鱼。好口才是一个人成功办事的必备技能，而刘薇薇借用妹妹这种能力的技巧也是很值得称道的。

古往今来，成功的人多为能言善道之辈，而败者则多不善言辞。唯有善于说话的人，才能够顺利地获得别人的认同与帮助。好口才是一种不同寻常的能力，我们借用这种能力，就可以很好地帮助我们编织起一张巨大的人际网络，以此获得取之不尽、用之不竭的人际关系资源。这样我们办事的时候，就会快捷方便。

6. 你求的人不领情，就从他身边的关键人物下手

在办事的时候，我们所求之人不领情，我们可以从他身边的关键人物下手。因为他身边的关键人物对其有非凡的影响力，即使不是一言九鼎，至少能够给你说点情，你就可以少费些时间，少碰一些壁。

办事的时候，我们千求万求他，对方却不愿意帮助我们。遇到这种情况不要气馁，要知道世上没有攻不破的堡垒，更没有感动不了的人。正面相求行不通，就不妨用点迂回战术，巧妙达到自己的目的。

蒋介石去世那年，宋美龄准备赴美国定居。临动身那天，蒋氏兄弟前往送行。蒋纬国特地早早赶到官邸。以前，蒋府每年逢蒋介石、宋美龄的生日，除夕、端午节和中秋节都要聚会，所有的人都穿便服。而此次，蒋纬国一改往日穿西装的习惯，穿了一套军服，还佩带了全套勋章勋标。

原来，军衔是中将的蒋纬国已经当上中将14年了，但时任总统的蒋经国并不打算给蒋纬国晋衔，为此蒋纬国不得不另想

办法。

蒋纬国一进门就向宋美龄行军礼。宋美龄对蒋纬国的举动觉得奇怪便问蒋纬国这是干什么。蒋纬国一本正经地解释道："根据我党（国民党）的规定，当了14年中将若还未晋升为上将，则应强制退役，军衔也随之取消。只有上将才是终身制。再过不久，我就没有资格再穿军装了，今天给妈妈送行，特地让妈妈看看我穿军装的模样。"

宋美龄从来不问军中之事，限龄退役这种事，她还是第一次听说，正巧这时，蒋经国也到了。蒋纬国一见蒋经国来了，也站起来行了个军礼。蒋经国皱皱眉头，明白了这其中阴谋。

宋美龄把蒋经国叫到跟前，问道："纬国做军人还可以吗?"蒋经国随口说："他本来就是军人，而且表现很出色!"宋美龄问道："既然他很出色，为什么还要办退役手续?"蒋经国只好说："纬国中将期龄到了，不过我马上准备交代给他办升上将的事。"就这样，蒋纬国通过母亲的大力相助，终于如愿从中将升为上将。

明明知道只有对方是能够帮助自己，但如果直接求他，很有可能遭受拒绝，不仅于事无益，心中反而会留下芥蒂。所以，不妨拐个弯，从他身边的关键人物入手，或者请第三者帮忙说合，如此成功的机会更大。

在办事的时候，对方不领情，除了走走夫人路线外，还可以走老人、孩子路线，迂回接近目标，拉近彼此的感情。一般老人、孩子都比较容易接近，老人在家容易寂寞，总想找人述说，这就给了你机会。孩子比较单纯，好奇心特重，比较容易喜欢上你，这样可以很好的营造亲近氛围，让你办事水到渠成。按常识，可以总结下面几个小技巧：

1. 多积累一些取悦老人和孩子的知识

用心观察，通过亲戚、邻居调查对方的老人和孩子的喜好。还要通过电影、报纸杂志积累一些理论知识。

2. **态度要诚恳，多聊聊一些琐碎的事情**

最好能见面熟，热情地寻找话题聊天，不要太被动。对老人要礼貌、尊敬，对孩子要亲切、和蔼。

3. **要处处小心、认真**

不可太夸夸其谈，要做对方的倾听者。言行举止要掌握分寸，投其所好，万万不可虚情假意、矫揉做作。

7. 遭遇冷遇别在意

在办事的时候，我们会经常遭受冷遇。最高明的办法莫过于坦然地接受它，并努力使自己的心态做到平和，不但不为逆境所困扰，而且化矛盾为有利，使自己的精神永远不被打败。马克思说："你失去的只是枷锁，而得到的却是整个世界。"这时的忍，只是短痛，代价相对比较小，但可能因此带来新生。

会做事的人，即使遭受冷遇，心也不会冷。做出相应的忍让，才不会让事情变得更加糟糕。聪明的人会明白做事的规律，知道做事情是一个渐进的过程。你可以主动表示友善，将双方距离拉近，一方面可以掩饰你们之间的，另一方面可以借机接近对方。

从15岁到21岁，法拉第都在伦敦的一家书店里当装订学徒，每天收工后，他就在微弱的烛光下拼命刻苦地读书。法拉第被书里讲的那些电的现象和化学实验深深地迷住了。他特别渴望把书上讲的那些实验都做一遍，可是一个穷学徒哪来的钱买药品和仪器呢？于是，他就到药房里去拣别人扔掉的瓶子，花半个便士买一点儿最便宜的药品。

由于对化学的浓烈兴趣，他决定写信给英国皇家学会会长班克斯爵士，要求在皇家学院找个工作，哪怕在实验室里洗瓶子也可以。他心神不宁地等了整整一个星期，全无音讯。他忍不住跑到皇家学院去打听。别人留给他的只是冷冰冰的一句话：“班克斯爵士说，你的信不必回复！”

受到这个屈辱的打击，法拉第感到特别地伤心，但他毫不气馁。他鼓起勇气给化学家戴维写信，并把装订成册的戴维4次讲座的笔记一起送去。法拉第巨大的热情、超人的记忆和献身科学的精神，感动了这位大化学家。戴维让法拉第当了他的助手。这样，法拉第才有机会实现自己的梦想。1831年，他发现了电磁感应现象，预告了发电机的诞生，开创了电气化的新时代。

法拉第在冷遇面前，接受了这个屈辱。在冷遇面前的低姿态，可以避免与对方的直接冲突。等对方发现你对他的尊重时，他会反过来尊重你。

其实，有时候，遭受冷遇，并不是自己不够优秀。也许，是因为曾经的一些摩擦让对方嫉恨在心，也有可能是对方不够了解你。这个时候，你要与前者调整关系，加强与后者的沟通和接触，让对方知道你的能力。特别是在工作的时候，受到领导的冷遇，你可以有意识地去寻找与领导交流的机会，如请教一个问题，提出一个建议，与领导聊天……同时，你不妨在某一领域，如跳舞、书法、写作一显身手，从而引起领导的注意。甚至你可以通过增加在领导面前出现的频率来增加他对你的印象和兴趣，从而为交流奠定某种心理基础。

如果你在受冷落的时候，不小心也发威了，那么你就有可能会失去一个很大的发展机会。有时候，你不妨留着这样的愿望，用这段时间努力武装自己，充实自己，增长自己的才干，做好充足的准备。当你有了名声，实力摆在任何人的面前，你办事的时候能不受青睐吗？别人会不争先恐后地帮助你吗?

受冷落的时候，还要学会推销自己。学一些相关的推销技巧，让对方看到自己的重要价值，换句话说，就是尽力展示让对方喜欢的理由。相反，在做事的时候，不懂得忍让的人，只会空耗时间和精力，让自己面对的环境更艰难。

8. 用热心肠去贴冷面孔

现代人际关系变得越来越复杂，当你处于弱势地位的时候，遇到的多半是冷面孔。这个时候，你如果自尊心太强，就可能失去改善彼此之间关系的机会。有时候，在办事的时候，不妨放下面子，用自己的热心肠去贴人家的冷面孔。

社会心理学上有一个原则为“相互性原则”。即人际吸引是相互的，排斥也往往是相互的。如果你想让对方对自己表现出热情、友好，那么你应该先这样做。

一位刚从省城师范大学毕业的女学生，从都市来到偏僻的乡村学校，对新生活充满了憧憬，却发现校长和同事们对自己并无多大的好感。她急于与身边几个年龄相仿的女教师搞好关系，却发现，她们却似乎总是回避她。这让她懊恼不已。

身边的几位女同事，虽然年龄相仿，但与她的生活经历、思想起点、知识教养、爱好情趣、习惯等都有许多明显的差异，何况她们在长期交往中，已形成一个固定的圈子，所以她们不可能一下子接纳她。

校长则认为她能舍弃城市的舒适生活到农村，是有一定事业心的。但城里女孩总免不了有点娇气，不能吃苦；她受过正规的教育训练，基础知识是可以的，普通话说得很标准，不过没正式上过讲台，教学经验少；她长得漂亮，就是“洋”了点，派头、手势、习惯都让人看不惯。他根据自己对其的种种印象，表现出自己初阶段的态度——一般化，不大喜欢，也不厌恶，没有特别的关心和热情。这态度，与女教师心中期望校长对她的态度太相径庭。

在这种情况下，女教师并不灰心，决定用自己的热情来面对。经过努力，终于获得了校长的好感和同伴的接受。她经常以各种借口主动接近别人，寻找相互了解的机会。通过教学实践、集体活动等，她尽量使自己符合“新来的女教师”这一角色规范；在日常交往接触中，她注意真诚、平等地对待他人，热心地帮助有困难的同事，自己有困难时也同样求助于人；在合适的交谈机会中，她又使别人了解自己的抱负、心愿，用实际行动缩短了她与同事们的心理距离，使他们较全面地了解了她，并开始接受她。当然，这样一个积极向上、乐观、亲切的女孩子还是比较让人能认可的。

人的态度是思想、信念、知识、价值观等多种因素综合而成的，表现出来为接纳或排斥，在人际交往中多表现为热情、冷淡、讨厌等各级量的情绪反应。要想减少对方对自己的排斥，最好是通过朋友传达友好的信息。常言道：“朋友的朋友就是自己的朋友。”通过接近自己的那几位朋友，就可以很快地进入朋友圈。如果有了身边几个人的肯定评价，就会很快影响到其他的人。

在办事的时候，如果对方对自己印象不好或产生误会，你可能一时地难以使对方回心转意。这时候，你还可以保持一种不冷不热的态度。时间能解决一切问题，当对方了解你的时候，误会总会消除，前嫌也会冰释。

对方和你一样也希望彼此能够很好的相处。因此，当对方误解而冷淡你时，你大可耐心等待机会。

9. 只要脑子活，再难的事也能办成

俗话说："没有规矩，不成方圆。"但生活中我们总是因为遵守各种各样的规矩而丧失太多的机会，其实，规矩是人定的，有一些必然会被打破，能打破这些规矩的人说不定还可以做出一番事业。

弗雷德·史密斯就是因为打破了只允许美国邮政总局在美国寄送邮件的规矩，成功地创建了联邦捷运公司，并且影响了这个世界。如果我们能对一个不足为奇的东西，多问几个为什么，那么再难的事我们也能办成。

王明正琢磨着怎么能很快地推销出去两万只鼠标垫。做这些鸡肋般的生意真的不好做，购买的人也越来越少。王明只好闲坐着，看看报纸，或者玩玩电脑游戏。

有一次，王明的一个朋友来玩。当他坐在王明的电脑前练习打字的时候，不由得嘀咕道"要是字根就在鼠标垫旁边就好找了。"说者无心，听者有意。王明脑子突然活起来，突发奇想：要是在这批鼠标垫上印上五笔字型的字根表，也许会方便那些记不准字根的人。但如果卖不出去的话，他又要多贴印刷的成本。他还是决定试一试。印上了字根表后，他到网吧、打字店、电脑培训班等处推销，果然卖了很多。

一天，一个中年妇女来到王明的公司，询问这种鼠标垫的价格，说如果一个1.5元钱的话，她会买三万个鼠标垫。原来她也是一家电脑公司的老板，最近她的公司接了一个大单子，给一家全国联网的寻呼台作系统集成方案，这个单子很大，PC机就要

配两万台。寻呼台那方面要求，所用的PC机除了配齐常规的设置外，还特别强调每台PC机需要一个鼠标垫和一张五笔字型字根表。为此，这个中年老板走了好几个地方，就是没有合适的产品和合适的价位。今天看到王明这里的鼠标垫上印着五笔字型字根表，真是喜不自胜。这下她可以两件事情当做一件事办，两样东西用一样东西的价钱买回去，省钱又省事，真是打着灯笼也难找。王明正好还剩差不多两万个鼠标垫，这笔生意就成交了。

有了变化就有了机会。在办事的时候，脑子活一点，添加一个小小的五笔字型字根表，死货就变成了活钱。如果王明一直不改变自己的思路，那么，就不会有机会推销自己的鼠标垫。有了变化就有了机会。

美国的艾吉隆公司董事长布希耐在郊外散步的时候，看到几个小女孩玩得很开心的样子，爱不释手。他走近后发现，几个孩子玩的竟然是一只非常肮脏和异常丑陋的昆虫。这让他忽然兴奋起来，是不是生产一些丑陋的玩具，就可以有更广阔的市场呢?也是，他马上让公司人员研制出一批“丑陋玩具”，并迅速投向了市场。

结果，正如布希耐所料，这些“丑陋玩具”给公司带来了巨大的经济效益，让同行们嫉妒不已。丑陋玩具也就此风靡于世。一些丑八怪玩具的售价甚至比漂亮的玩具还要高，但却一直很畅销。比如“疯球”，它是在一串小球上印满了许多丑陋可怕的面孔，这种玩具是还有一双鼓得像青蛙的带着血色的眼球，眨起眼来就发出很难听的声音。

会办事的人都知道，脑子活一点，简直就可以所向披靡。有时候，可以创新；有时候，可以逆向思维；有时候，只是使事物发生那么一点点变化，就会是一个新的突破。

罗丹说："不是缺少美，而是缺少发现。"而我们也可以说，在生活中，不是缺少机会，而是缺少发现。做一个有心人，有时一个不经意的发现，却是你成功的契机。

10. 只要能赢，不按理出牌不为过

在办事的时候，只要能赢，独辟蹊径，不按理出牌不为过。有时候，会因一个小小创意变成致胜的法宝。只有在做事情的时候，更新旧观念，才能在激烈的竞争中先声夺人，高人一筹。正如金克拉所说："如果你想迅速致富，那么你最好去找一条终南捷径，不要在摩肩接踵的人流中去拥挤。"可见，只有创造，才能发现生活中的真正价值。

在办事的时候，创新其实是一种竞争心态，我们应该将这种心态摆在你的行为模式里。达拉斯小牛队的教练汤姆蓝德素以出奇制胜闻名，比赛时他晓得对手会针对标准的守备方式布局，所以他就常常更换阵容，攻他们一个措手不及。如果你时时有着创新的意识，那么你就会随时都有一种寻找创新机会的心理反应，就有了敏锐的观察力，就会随时发现可以创新的基点。"不按牌理出牌"还可以锻炼和提高人的认识能力，世界上因创新而获成功的人简直不胜枚举。

法国美容品制造师伊夫·洛列是靠经营花卉发家的。他从1960年开始生产美容品，到1985年，已拥有960家分号，各个企业遍布全世界。其企业是惟一使法国最大的化妆品公司"劳雷阿尔"相匹敌的竞争对手。他的成功有赖于他"不按牌理出牌"的创新精神。

伊夫·洛列在1958年，研制出一种植物香脂，源于一位年迈女医师的一种专治痔疮的特效药膏秘方。面对挨门挨户地去推

销产品的烦恼，洛列决定在《这儿是巴黎》杂志上刊登一则商品广告。如果能在广告上附上邮购优惠单，说不定会有效地促销产品。这一大胆尝试让洛列获得了意想不到的成功，他的产品开始在巴黎畅销起来。当时，人们认为用植物和花卉制造的美容品毫无前途，几乎没有人愿意在这方面投入资金，而洛列却反其道而行之，对此产生了一种奇特的迷恋之情。

洛列的另一个值得称道的创新是采用邮购的销售方式。

1969 年，洛列创办了他的第一家工厂，并在巴黎的奥斯曼大街开设了他的第一家商店，开始大量生产和销售美容品。伊夫·洛列把每一位女顾客都看成王后，让职员给对方王后那样的服务。

为了达到这个宗旨，他打破销售学的一切常规，采用了邮售化妆品的方式。公司收到邮购单后，几天之内即把商品邮给买主，同时赠送一件礼品和一封建议信。此后，邮购几乎占了洛列全部营业额的 50%。

这种经营方式对那些工作繁忙或离商业区较远的妇女来说无疑是非常理想的。如今，通过邮购方式从洛列俱乐部获取口红、描眉膏、唇膏、洗澡香波和美容护肤霜的妇女已达 6 亿人次。这种优质服务给公司带来了丰硕成果。公司每年寄出邮包达 900 万件，相当于每天 3 万件。1985 年，公司的销售额和利润增长了 30%，营业额超过了 25 亿，国外的销额超过了法国境内的销售额。

伊夫·洛列在一次新闻发布会上感触颇深地说道：“能有今天，我当然不会忘记卡耐基先生，他的课程教给了我一个司空见惯的秘诀，而这个秘诀我尽管经常与它擦肩而过，但过去却未能予以足够的重视，也没有把它当作一回事来对待。而现在我却要说，创新的确是一种美丽的奇迹。”

伊夫·洛列经过艰苦的思考，找到了走向成功的突破口和契机。他为了赢，不惜打破“按牌理出牌”的规则。在激烈竞争的化妆品市场上，如果只是亦步亦趋，墨守陈规，那肯定只能成为落伍者。正是伊夫·洛列设计出与强大的竞争对手完全不同的产品——植物花卉美容品，才能做到远远地把竞争对手抛在了后面。

现今，竞争越来越激烈，一些小企业或者小公司只有不断运用新奇的点子，才能在大集团、大公司的夹缝里寻求生存的机遇，顺应发展。很多时候，成功的要素也就是“不按牌理出牌”的勇气罢了。只有敢于创新的人，才可能拥有成功的机会。

可见，创意是经营者通向富有的捷径，企业家的高低优劣之分也往往因此而产生。一个小小创新，就可以在激烈的竞争中得以胜出，总是因循守旧地围着一个传统的模式转，是很难做到这一点的。因此，创新的意识，不能忽视。

第六章　办事有火候，拿捏分寸是关键

办事须讲分寸，我们通常说的“掌握火候”、“过犹不及”、“欲速则不达”等讲的就是这个道理。如果不掌握分寸，企图跨越它所匡定的界限，只想急于求成、拔苗助长，坠子事与愿违、多栽几个跟头之外，不会有别的更好结果。

1. 办事处弱势，就先退几步

办事若处于弱势就要学会妥协，这不是屈服、软弱的表现，这是见机行事的表现。退而求其次，是为了更大的进取。古语云：“识时务者为俊杰。前面明明是陷阱，你还马不停蹄地迎上去，最后吃亏的还是你自己。”

退一步，海阔天空。处于弱势，知难而退，就可以少走弯路。在现实中，主观意愿往往与实际情况是有一定距离的，需要自己不断地进行调整和转变，而每一次的转变和调整都可能要退一步，直到自己再一次与机遇相遇。这是办事的永恒法则。

有一位国外学成归来的计算机博士，因为学历过高，而且自我要求也高，结果国内好多家公司都不录用他。苦恼了一阵子后，他终于决定收起自己所有的学历证明，以一种“低身份”再去求职。

果然不久，他被一家计算机公司录用了。尽管当时老板给他安排的工作对于作为计算机博士的他来说是“大材小用”，但他仍干得一丝不苟。不久，老板发现他的能力高于其他人，而且非一般的基础职员可比，这时他才亮出自己的本科学士证，于是老板给他换了个专业对口的职位。

又过了一段时间，老板发现他时常能提出许多独到的有价值的建议，远比一般的大学生要高明。这时，他又亮出了硕士证，于是老板又提升了他。再过一段时间，老板觉得他还是与别人不一样，就对他“质询”，此时他才拿出博士证，于是老板更是毫不犹豫地重用了他。

在办事的时候，能识时务者，可以知难而退。要做到逢凶化吉，遇难呈祥，把不可能的事变成可能的事要懂得退。退是一种糊涂谋略，更是一种维系生存的手段。面对千难万阻，要顺顺利利地办成事，就要及时地退几步。

其实，退一步，只是暂时的，在我们等待的同时，它让我们积蓄更多的力量走到我们想要到达的地方。社会上的机会比比皆是，只要你用心，可能会找到另一替代品，或许替代品的质量远远超乎你的想象，这会更让你欣然若喜。任何东西都不是非它不行、非它不可。

暂时退几步，恰当的时机妥协，是通往通权达变的丛林不可或缺的智慧。毕竟我们要生存，靠的是理性，而不是倔强的意气。不妨想一下，我们冲上去的后果，比现在的“退步”更符合自己的理想吗？为人处事中有太多的争斗，我们不管不顾的冲上，头破血流，哪还有力气坚持我们的原本。弹尽粮绝的时候，解决方式不尽相同，妥协是比较明智的一种方法。

做事的时候，退几步，也许不是最好的办法，但是在没有最好的办法出现前，已经是比较好的办法了。这样可以避免时间、精力等资源的继续投入。在胜利不可得、而资源消耗殆尽日渐成为可能时，退几步可以立即停止消耗，使自已有喘息、调整的机会。理论上，强者不需要退步，因为他资源丰富，不怕消耗。但强者也有处于弱势的时候。这个时候，不妨让自己先停一停，给自己时间和机会让自己在办事的时候绕道而行，不至于横冲直闯、头破血流。要想达到成功之目的，需要牢记一个“退”字。

2. 不要勉强别人办不愿办的事

求人办事，一定要懂得知足，别人能办多少就办多少，不要勉强。对别人的要求不要过高，不要穷追猛打。即使关系再好，你也不能完全不顾及朋友的难处，一厢情愿地把自己的问题都硬塞给人家。

强人所难，是办事过程中的一大禁忌。提出让别人为难的要求，说明你对别人的期望要求过高，这本身就是一种压力。如果对方不愿帮忙，肯定有不愿意的理由，求人者就应该体谅对方的难处，另想办法，不能因他不帮忙就让他难堪。也许对方还有顾虑，你就应给他充分的时间来考虑，千万不能因对方一时没有答应便意气用事，强人所难。

宋玲玲得知老同学俞志鸿的亲戚在政府部门掌权，便去找俞志鸿，希望能通过俞志鸿的亲戚能把自己从乡下调到城里。俞志鸿见老同学相求，虽犹豫，但还是答应了。

俞志鸿问过他的亲戚后，亲戚说没法办，俞志鸿便向宋玲玲说明了情况。可宋玲玲却认为是俞志鸿没有尽力，立即拉下了脸说：“你真不够朋友，这么一件小事都不帮忙。”不顾俞志鸿的解释，硬是把买来的礼品都交给了俞志鸿，让他再去帮她跑一趟，好好说说。俞志鸿一再强调自己已经尽力了，可宋玲玲就是不罢休，说这么点小事俞志鸿只要尽力一定能办得到的，说完就转身走了，看着宋玲玲放下的东西，俞志鸿真是不知道该怎么办好了。

己所不欲，勿施于人。试想，如果有人把一件很难办的事情甩给你，你会怎么想？永远都不要一厢情愿地勉强别人办很难办的事，朋友可能碍于面子答应下来，但是下次你再有什么事请他帮忙，就不好办了。

我们在求人办事的时候，要先想到对方的难处，并能分担、理解这种难处。这样，就不会感到求人办事太难。也许是你的事情太难办了，超出了他的能力范围。如果他在你的勉强下，心不甘情不愿地为你把事办成了，那么你们的友情也就到头了，不要为了一件事而失去一位朋友。

老李在某县的公安局工作，是公安局的副局长，也有权有势。经常有朋友来找老李帮忙，这些忙有的能帮，有的不能帮。老丁的儿子因盗窃罪被拘留，很可能被判刑，老丁想请老李帮帮忙，说句话让儿子少坐一年半年的牢。老李是个原则性很强的人，这个忙是肯定不会帮的，老丁的请求当然被老李拒绝了。

事后，老丁认为这就是老李在敷衍自己，不想帮自己的忙。所以总是三番五次的登门“拜访”。结果左后老李忍无可忍的情况下，只得撕破脸，跟老丁说明自己真的是无法帮忙。因为这是触犯法律的问题，而老丁最后也只得灰溜溜的回家了。

你的要求令他为难，说明你以前的付出还没累积到可以提这个要求的时候。人际关系如同培育的果树，过早的摘取果实既费了自己的心血，又尝不到果实的美味。

有些人太注重自我的利益，根本不在乎别人的处境和想法，总希望对方有求必应。求人办事的最高境界是不给对方压力。不要把有求必应的习惯和逻辑思维带到与人交往的过程中去。否则，只会招人厌烦，断送了你的人脉关系。

你要明白人脉关系类似细水长流，也许，在这件事上对方不能帮你，在下件事情上他的协助就可能是你制胜的法宝。因此，在求人办事的时候，千万要掌控好自己的分寸，避免得不偿失的事情发生。

3. 帮人办事也要照顾对方的面子

办事的时候，给对方留下余地，保留面子，是最能笼络人心，最聪明的做法。人人都爱惜自己的面子，“面子”是人际交往的雷区，千万不能去碰。即使你帮别人办事，也要留足情面给对方，否则，即使是老朋友，也可能与你渐行渐远。更糟糕的是你帮助了对方，还得罪了对方。

其实，帮助人办事的时候，给对方留面子，其实就是给自己挣面子。给对方办事的时候，在言谈举止中尽量少用一些负面感情色彩太强烈的语言，而适当多用一些“也许”、“试试看”这些感情色彩不强烈中性词，给自己留余地。

张乐桥每年都会受邀参加某单位的报纸评鉴工作，这工作虽然报酬不多，但却是一项荣誉，很多人想参加却找不到门路，也有人只参加一二次，就再也没有机会。有人多次问他为何年年有此“殊荣”，他在将到退休年龄，不再参加此项评鉴工作后才公开他的秘诀。

他说，他的专业眼光并不是关键，他的职位也不是重点，他之所以能年年被邀请，关键是因为他很会给“面子”。他说，他在公开的评审会议上一定把握一个原则：多称赞、鼓励而少批评，但会议结束之后，他会找来报纸的编辑人员，私底下告诉他们编辑上的缺点。因此虽然报纸有先后名次，但每个人都保住了面子。就因为他处处顾虑到别人的面子，因此承办该项业务的人员和各报纸的编辑人员，都很尊敬他、喜欢他，当然也就每年都要找他当评审了。

一个人如果失去了少许金钱，尚可忍受，一旦面子受到损害，就无法预测他将会干出什么事来。有时候，本无存心伤人之意，却可能因为一句无意的话伤害别人，甚至可能为自己树立一个敌人。

中国人最大的特点就是死要面子。无论做什么事都会考虑到自己的面子。说白了，谁都希望自己在别人面前有尊严，被人尊重。在办事的时候，给别人留些尊严，是非常重要的。我们很少想到这一点：求助于我们的常常是失败者或是弱势群体，我们常常缘于自己的优越，无情地剥掉了别人的面子，伤害了别人的自尊心，抹杀了别人的感情，却又自以为是。

张乐吟诗作文一直很受人们的欣赏。他的书法流畅奔放，一泻千里，但却很潦草，甚至不易认出是什么字。书画家辛壶不直说张乐先生的字迹潦草，却委婉地说张乐的字是“意到笔不到”，含蓄而又不失风趣，使张乐不但虚心接受，而且对他的说话技巧极为佩服。在外交上，委婉含蓄的语言往往更意蕴深刻。婉言，还可以给对方一个下台的阶梯，避免形成僵局。婉言能够巧妙地表情达意，既能让对方听出弦外之音，又帮助对方提高、不伤彼此和气。这种好办法，我们何乐而不为呢？

柏杨先生在《丑陋的中国人》里说：“中国人可以吃暗亏，也可以吃明亏，但就是不能吃‘没有面子’的亏。”“面子”对中国人来说是一件很重要的事，了解到国人的这一心理特点，这也就是很多老于世故的人不轻易在公开场合说一句批评别人的话的原因，宁可高帽子一顶顶地送，尽欢而散。

年轻人常犯的毛病是，自以为有见解，自以为有口才，逮到机会就大发宏论，把别人批评得脸一阵红一阵白，他自己却津津乐道。其实这种举动正是在为自己的祸端铺路，总有一天会吃到苦头。

4. 委婉拒绝，力不从心的事不能办

在办事的时候，朋友提出的过分要求你无法满足对方时，就会感到左右为难。这个时候，你可以委婉拒绝。温特·桑德曾经说过：“不会拒绝的人，就会被成功拒绝。”虽然拒绝别人是件不太容易的事情，但在必要时应勇敢地说“不”，一味奉迎是下策。

为了一时逞能，即使明知没有把握做到的事也接下来，一旦失败，对方往往也不会考虑到你当初的热忱，而只会以失败的结果对你进行评价。不仅你为完成这件事情所做出的种种努力会付之东流，对方还会把逞能的不好名称加在你的头上。

量力而为是我们应当遵循的原则。自己感到难以完成的事，还勉强答应，就显得过于软弱了。在委婉拒绝对方的同时，最好很明确地向对方说明情况，取得对方的谅解。如果你碍于面子，勉强答应，没有做好不说，还会打乱对方的生活和工作计划，会给对方造成更大的损失。

有这样一对从小一起长大的闺密王丹和刘晋。王丹大学毕业后在某区人事局供职，刘晋被分配到一家企业工作。一天，刘晋拿着礼品来王丹家，说“老朋友，我想跳槽换个工作。现在我们

企业产品没有销路，效益差，收入低。你无论如何也要帮我这个忙，在你们人事局给我找个工作。”她俩是患难之交，帮忙是情理之中的。但是，王丹如实说道：“我虽然在人事局，但没有什么大的权力。现在的人事决定权都下方到企业，你的忙我恐怕帮不了。你还是想想其他的办法吧。”

王丹拒绝对方的原因有一定的可信度，既让对方明白自己的难处，又保住了友情。下面是几个委婉拒绝对方的小技巧：

1. **找的借口最好是非个人原因**

婉拒别人最难的是找不到恰当的借口。遇到这种情况不妨在别人身上找借口，这样对方不会记恨你，他会明白问题不在于你，而是其他原因。

2. **表示愿意帮助对方**

你无法给对方帮助的时候，也不要急着说不行。这样容易让对方误认为你不愿意帮助他，是个自私、缺乏同情心的人，没有帮助对方的诚意。你应该给对方适当的解释，并对其所处的处境表示同情，甚至可以给他提一些建议。最后再说，你实在无能为力。

3. **给对方一个思路**

当对方提出不合理的要求时，不要简单拒绝他。要告诉他，他的要求多么的不可思议，让他自愿放弃，或者和他一起思考解决问题的其他们办法。

4. **话语要柔和**

如果你拒绝对方的时候，语气要柔和，但态度要坚决，对方也只好作罢。可以用最委婉、最真诚的语言拒绝对方，但要不留回旋的余地。

5. **先倾听，再说“不”**

当对方向你提出要求时，首先要注意倾听他的诉说，比较好的办法是，请对方把处境与需要，讲得更清楚一些，自己才知道如何帮他。接着向他表示你了解他的难处，你对他的困难感同身受。

“倾听”能让对方先有被尊重的感觉，在你婉转地表明自己拒绝的立场时，也比较能避免伤害他的感觉或避免让人觉得你在应付。或许你仔细听了他的意见后，会发现协助他有助于提升自己的办事能力与经验。

5. 办事不可逞一时之能

在办事的时候，要量体裁衣，逞匹夫之勇是不可取的行为。真正会办事的人，会把自己的能力与事情的难易程度以及客观条件是否具备结合起来考虑，然后再作决定。

我们并不是万事皆能的全才，每个人都有自己的能力极限。要勇敢地鼓起勇气，承认自己的不足，让对方有个了解的空间，对自己也有一个缓和的余地。如果硬撑着，将来误了事儿，那才不好收场了。一旦失利，失去的不仅是做成这件事的机会，还有他人对你的信任。更糟糕的是，在面临这样的情形时，你再也没有自信和勇气了。这样你成功的几率就会相对减少了。

杨修很有才气，作为曹操手下的谋士，他特别喜欢表现自己，经常让曹操不满。

一次，曹操驾临观赏为自己建好的花园。曹操转了一圈之后，在花园的门上写了一个“活”字。大家都面面相觑，不明此意。这时杨修开始抓住机会表现自己：“这还不明白吗？丞相是嫌门太窄了，因此写了一个‘活’字，‘门’内添‘活’字，不就是‘阔’字吗。把门改阔点，就合丞相之意。”曹操听到此话，开始担心杨修的威胁。

曹操害怕别人谋害自己，为了不让别人在睡觉时接近自己，就说自己在梦中喜欢杀人。为此，曹操杀了一个给自己盖被子的侍从，人们都以为曹操果然是梦中杀人。只有杨修明白曹操的用意，对死者尸体说："不是大王在梦中，是你在梦中啊！"曹操知道后特别厌恶杨修。

历史记载，杨修由于自己爱逞一时之能而被曹操怀恨在心，最终导致杀身之祸。像杨修这样的人，多爱把自己看成勇士。为显示自己是多么能干，多么智慧，多么英勇，经常逞匹夫之勇。这就像一个人本来只能扛80斤小麦，可一看别人都能扛100多斤，为了不输面子，就硬说自己能扛150斤，然后生生的就把150斤的小麦放在了肩膀上。在别人的叫好声中，他要承受多大的痛苦？恐怕只有他自己知道，真是打碎了牙往肚里咽，何必呢？

在工作的过程中，我们常常遇到这样的情况：领导交给我们一个任务，可是它远远超过了自己的能力范畴，怎么办？拒绝了就会在领导和其他同事面前颜面尽失，所以，为了保全面子，只好违心地答应了下来。这就警示我们：在办事的时候，要量力而行，对自己做不到的事，要说明情况，不要勉为其难。

不拒绝对方的要求，也是逞一时之能的表现。拒绝别人的要求确实是件不容易的事，大家都有体会。但你想过没有，倘若答应对方的要求将会给你或他带来伤害，那还不如拒绝好了。

在办事的时候，逞一时之能，经常情况下，是为了出风头，为了争面子，为了赢得别人的羡慕，不惜无限夸大自己的能力，以致自讨苦吃，得不偿失。做事的时候，最好先对自己的能力做一个正确的评估，如果有把握再放手去做。

6. 适时变通，成功办事的智慧

办事时适时的变通是一种很明智的做法，放弃毫无意义的固执，这样才能更好地办成事情。虽然坚持是一种良好的品性是值得称赞的事情，但在有些事情上，过度的坚持，就会变成一种盲目，那将会导致最大的浪费。

在办事的时候，可以在一些大事上坚持原则，这是一种认真负责的态度。可是如果在任何事情上都坚持原则，不知道变通，那就是较真了。认真和较真一字之差，内涵却大大不同。在有些事情太认真，会在一些小问题上过于计较，无意中制造了矛盾，甚至导致发生矛盾。

秦叶在某电力公司的最后一关考试中，凭借其灵活的现场应变能力，成功的赢得了公关部经理助理一职。

毕业于外语系的秦叶与另外3名应聘者一起，入围该公司最后一轮考试，试题是翻译一份电力方面的技术性资料，资料的其它部分都不难，但其中的专业术语让几名应聘者颇感棘手。

秦叶翻译得磕磕绊绊，于是，她停下了笔，开始环视房间，发现办公桌上有几本英语辞典，她立即大方地对面试官说，有几处单词不大明白，想查阅一下辞典。经面试官许可后，秦叶利用辞典在规定时间将资料翻译完毕，而且准确率最高，最终获得了竞争的胜利。

其中一位落选者说，当时，他也看到了英语辞典，但因为怕被低估水平，就未敢提出要求，而公司人事主管却说："我并没有因秦叶借用辞典而小看她，反而觉得她思维灵活，具有较强的现场应变能力。像她这样能巧妙运用现有条件、优质快速完成工作的人，才是公司最需要的人才。”

变通并不是丢弃原则，但不可否认的是变通很多时候是带有功利性的，为了达到自己的目的而采取的中间策略。需要有冷静的头脑，敏锐的判断和丰富的观察能力。每件事情的解决都有很多的途径，但会办事的人总会从中找到那条最合适最有效的办法。

俗话说：树挪死，人挪活。人的智慧可以灵活地处理遇到的各种问题，这个办法行不通，就换一个办法，总有一个办法是有效的。做事要学会变通，不能太死板，要具体问题具体分析，前面已经是悬崖了，难道你还要跳下去吗？不要被经验束缚了头脑，要冲出习惯性思维的樊笼，执著很重要，但盲目的执著是不可取的。

《乐在工作》的作者魏特利和薇特，曾以老鼠走迷宫对比人们有时候不懂得变通。他们在书中指出：“科学家为了实验，有时会训练老鼠走迷宫，走到出口处，老鼠便能得到一块奶酪作为奖赏，如果不给奶酪，老鼠仍会依照记忆中的路径走几次，但等到它们了解走完迷宫也得不到奶酪后，便会试走别种路径。老鼠很快便能适应环境的变化，并设法以新方式得偿所愿。”

老鼠都知道变通，何况高智商的人类呢？精明的人在办事的时候，总是不仅能想到今天的利益，还能留意明日的计划。而不是死盯着第一步棋，还会想到第二步、第三步如何走，走一看二眼观三，这样才能在瞬息万变的社会舞台上立于不败之地。而有些人却不能瞻前顾后，一步把棋走绝，连退步的余地都没有给自己留下。所以在不定性的环境下，我们随时都要随机应变，以寻找求生的路。

7. 人情办事，适可而止

我们都知道人情的力量很大，在办事的时候，可以帮我们做很多原来以为不可能的事，但是人情并不是取之不尽的水，可以任你自由的取用。相反，人情就像银行的存款，是不能透支的。

常言道：物极必反。任何事情发展到一定的极端时，就会向相反那一面转化。人情办事也是这样，要有一个度，一旦超出了这个度，就会起相反的作用。

当医生的王之欣早在两年前曾因自己孩子转学一事曾求过教委的一个同学，而且也送了些人情钱，可对方没要。这下可好，在接下来的两年内，那位同学便多次带着亲友、朋友来医院找王之欣帮忙，有些事根本不能办，像半价 CT、婴儿性别鉴定、高价病房算低价等等，着实给王之欣出了不少难题。王之欣后来就想办法渐渐疏远了这位同学，再后来两人就索性不再交往了。可见，依靠人情办事是有一定限度的，透支了反而令人很尴尬。

人都是有感情的，在办事的时候，恰当地利用好人情，就可以发挥很大的威力。人情是有限的，你存得越多，领出来的钱就越多；存得越少，领出来的钱就越少。你若和别人只是泛泛之交，你能要他帮的忙就很有限，因为他没有义务和责任帮你大忙，你更不可能一次又一次要他帮你的忙，这是因为你的人情存款只有那么一点点。

做好估算，尽量把人情用在刀刃上。先弄清你与对方的交情究竟有多少，人情究竟有多重，然后再掂量事情的份量，看看是否适宜找对方帮忙，千万不要没个轻重缓急。动用人情的次数要尽量少，以免提早把人情存款用光，“情到用时方恨少”。

人本来是容易忘恩的动物，所以就是对方曾欠你一些人情，你也不可抱着讨人情的心态去要求对方帮忙，因为这不仅可能引起对方的不快和反感，还可能让这份情谊到此结束。

张冬鑫毕业于某名牌大学中文系，几年来在文坛上也算小有成绩。后来接编某份杂志，由于那杂志的财源并不丰裕，不仅人手少，稿费也不高，但他又不愿意因为稿费不高而降低杂志的水准，于是他开始运用人情向一些作家约稿。这些作家由于和他都有过交情，也都点头应允了。但是一次两次还好，后来次数多了，他们就开始找各种借口推辞，他也不知道是和缘由，暗自纳闷。经过他的再三催问，其中一位终于坦白地跟他说："我是以朋友的立场写稿，但你们的稿费太低了，错不在你，但你这样子做是在透支人情。"如此，他才恍然大悟。

人的欲望是无穷的，在用人情办事的时候，要学会适可而止，既是对自己的尊重，也是对对方的尊重。透支人情，一般会造成两个结果：一是会使你们之间的感情开始转淡，继而让他对你避之惟恐不及，进一步发展的情分就此断了。二是你在他眼中变成不知人情世故的人，这对你是相当不利的。下面是几个相关的小技巧：

（1）对一些斤斤计较的人要特别注意，你们纵然交情再深，也不可轻易找他帮忙，否则这人情债就像在地下钱庄借钱那样，让你吃不消。

（2）懂得适度回馈，如果你不管不顾，动辄就求人帮你的忙，那么随着时间的推移你就会慢慢变成了一个不受欢迎的人。当然也有主动帮你忙的人，但切勿认为这是理所当然的。你若无适度的回馈，这也是一种"透支"。

还人情时，要注意份量。不伤感情的，可等价偿还；若等价偿还肯定伤感情，那就要过量偿还。为什么伤感情？因为只专注财物，把人情包含的情义一笔勾销，这意味着不尊重对方情义。此外，有些人情很大，根本无法还清，更别说过量，譬如救命之恩一类，只能先表示一下，然后欠着了。总之，要想办法做些适度的回馈，让人家觉得你有"人情"。

（3）注重长线投资。俗话说："路遥知马力，日久见人心。"大多的人情投资都需要较长的时间才能结出果实，毕竟人与人之间的理解与信赖需要一个过程。要知道虽然感情投资不是立竿见影，马上就能见到效果，但如果相互信赖的人情关系建立起来，对事业发展当有着不可估量的价值。

原则问题不可一味退让

俗话说无规矩不成方圆，办事的时候坚持一定的原则，才能更好地维护自身利益。如果一味地迎合别人而改变自己，结果只会带来不良后果，甚至害人害己。

王师傅的身体一直不太好，医生嘱咐他一定要少喝酒，尽量不喝，他也给自己规定平时尽量不喝，如果实在推脱不掉就以三杯为原则，坚决不超过三杯。可是，生活中应酬常常很多，几个朋友坐在一起，常常要推杯换盏，边喝边聊。几杯酒下肚之后，他本来规定自己只喝三杯，而且开始时方能坚持，但在朋友的再三劝说之下，脑袋一热，什么三杯原则，五杯又能怎么样？于是，他把原则丢在了脑后，放开肚子喝了起来。结果喝得酩酊大醉，误了其他的事不说，自己的老胃病又犯了，而且愈加严重了，使他后悔不迭。

这是一个讲究合作的社会，你不是独自一个人在生活。你要想获得成功必定需要周围人的支持、合作、帮助、理解，所以，你很多时候不得不去迎合别人，以获取别人的喜欢和信任。但完全陷入这种失控的状况，就会失去自己做人的原则，还会一事无成。

在办事的时候，要用自己的一套方法。不要总听命于他人，别人怎么说自己就怎么做。如果别人说得对还好，假若别人说得不对，而自己又不动脑筋，走弯路、浪费时间不说，有时难免要犯错误。

张小芬很忙，每天一直到下班都有忙不完的事情，下班回到家就感到浑身都疼。她在工作中总碰到一些不知道如何拒绝别人的问题，因为她总要去做本来不在她职责范围内的事情。

其实张小芬是一个乐于助人的人。但是张小芬发现自己的好心成了一种责任之后，就会感到很心寒。张小芬会经常帮助一些人，可突然有一天张小芬发现别人居然习惯于她的帮助，有时甚至打电话以命令的口气让张小芬做一些本来应该由他自己做的事情时，张小芬愤怒了。

张小芬唯一的错误是对所有的人都太好，滥用自己的同情心去助人为乐。张小芬得出的结论就是做事要有原则，做好自己的本职工作，要学会拒绝去做不在自己职务范围内的事。如果有人需要你帮忙，你要让她明白那不是你的义务，你只是在帮他。

许多人在为人处世的时候，讲究以和为贵，在与对方共事的时候常常一团和气或无原则的让步。既然双方是合作伙伴，就应该平等互利，产生矛盾后双方应本着互谅互让的态度去解决，一味地向对方让步，合作很难成功。也许，在合作开始的时候，双方都碍于情面而相互谦让。但双方的矛盾一旦被彼此压在心底，时间长了就会爆发，会弄得本来是朋友关系的转化成敌人关系。还不如把丑话讲在前头，在原则性问题上不让步。这样双方在共事的时候，会遵守原则，很好地处理好彼此的关系。

在办事时，以明辨是非与独立思考的能力做后盾的原则是必要的前提条件，否则就会拒绝不应拒绝的事，接受不该接受的要求。当然，在你受到不公平的待遇时，要有勇气抗议，但这种抗议必须有气势，不必得理不饶人，但要充分表达你的立场。至于生气，也不必闹翻天，但要让对方了解你的立场。

9. 事情没办好，也要感谢为你办事的人

朋友热忱地帮你，如果到最后没有办成，你还是要表达你的感激之情。毕竟他在你需要的时候曾伸出援手，他的心意都是好的，虽然结果不如你所愿。

能在你困难的时候帮助你的朋友，多是在替你办事时能尽心尽力的朋友。现实中，有太多的利益纠葛，不是所有的事情的结果都是如你所愿的。朋友办不成事的时候，朋友也会对你有深深的歉意。你不该抱怨他，更不应该责备他。

福特是协助美国石油大王洛克菲勒创建标准石油公司的伙伴之一。但有一次，洛克菲勒与福特合资经商，因福特投资失误而惨遭失败，福特心中很感不安。

这天，福特在路上闲逛，突然瞧见洛克菲勒正与他人走在自己后面。他想到自己给洛克菲勒带来的损失，觉得很是没有脸再见到他，于是假装没有看见他们，一直低头往前走。但就在这时，洛克菲勒却主动叫住了他，并上前拍了拍他的肩，微笑着说："我们刚才正在谈有关你的事情。"福特脸一红，以为洛克菲勒要责怪他，于是说："太对不起了，那实在是一次极大的损失，我们损失了……"

让人意外的是，洛克菲勒不仅没有任何的怪罪，反而若无其事地回答道："啊，我们能做到那样已经难能可贵了。这全靠你处理得当，让我们保存了剩余的60%，这完全出乎我的意料，谢谢你！"洛克菲勒没有因为福特没把事情办好而去埋怨他，相反地还找出一堆赞美和感谢的理由，这让福特十分感动。此后，福

特努力做事，不仅为洛克菲勒挽回了损失，而且还为公司赚了不少的钱。

朋友在帮你做事的时候，没有成功，你要理解他。放在你自己身上，也不一定事事成功啊。很多时候，我们过于追求结果，人也变得急功近利，觉得别人没办成事就是他的不对，认为他的办事不利让自己失去了机会，觉得自己在无形中吃了亏，因而怨声不断。

你说一声“谢谢”，并不会让你损失什么，但却会换来他的好感，下次如果你再求他办事，他依旧会竭尽所能地帮你。相反，如果你不问青红皂白地责怪他，你可能会失去他这个朋友，帮你办事本就不是他的义务，费力不讨好的事情没有人会再去做第二回。

王阳阳由老家转到了北京的总公司工作，纯洁时准备回家过年。但是因为工作繁忙，实在是抽不出身提前去火车站买票。为此她托付给了一个好朋友去买票。

因为临近春节，人又多，结果这位朋友去火车站排了将近三个小时的票后，依旧没有买到。朋友只好给王阳阳发了个短信返回了。结果当王阳阳看到短信知道朋友没买到票后，心里十分不高兴，于是赶紧一个电话拍过来，让朋友继续回去排队买后两天的票。但是电话那边朋友已经告知返回了，王阳阳一听十分生气。

等到第二天见到朋友的时候，王阳阳不仅认为是朋友耽误了自己的行程，而且还给了对方一个不好看的脸色。朋友见到自己排了三小时的队，王阳阳一句感谢的话都没有，反而还埋怨自己，心里也十分不好受，当场就与王阳阳断绝了朋友关系。这下，王阳阳不仅失去了一个朋友，而且再也请不到对方帮自己办事了。

不论对方是否能为我们办好事情，只要对方尽心尽力了，那么我们就一定要心存感激。因为你的感恩之心会让别人觉得自己的付出是值得的，日后只要有机会，他就会想着帮你实现你的愿望。

其实，寻求他人的帮助本来也只是一种解决问题的尝试方法。既然尝试，就不要把结果看的太过重要。如果不认识这个人的话，你的问题也依旧会存在。别人答应帮你办事就已经是对你的一种恩惠了，说明他还把你当成他的朋友。事情办成了，自然要好好谢谢人家。即使办不成，他也为此付出了努力，同样应该对他表示感谢。一味的抱怨和咄咄逼人，只会让别人将你拉进交往的黑名单。

10. 不可锋芒太露

想要在事业上一展才华的人，要记住时机没有成熟之前，千万别锋芒太露。真正会办事的人，会做到深藏不露，不到火候时不会轻易使用，要貌似平常，让人家不眼红你，最终达到办事之目的。特别是初到一个新的环境，一定要先将姿态放低，再慢慢展现自己的才华。

法国哲学家罗西法古有句名言："如果你要得到仇人，就表现得比你的朋友优越吧；如果你要得到朋友，就让你的朋友表现得比你优越。"在办事的时候，要想人际关系融洽，就不要过分地表现自己的能力。许多人往往不分时间和场合的表现自己，把张扬炫耀当成了赢得别人重视的手段，结果适得其反，在同事之中失去了人缘。

高朵朵是个很优秀的企划人才，不久前，他考进某国营单位，从事企划工作。他雄心勃勃，准备好好表现自己，能有一番大作为。高朵朵的友人们都认为他将可一展所长。

高朵朵的单位里从主管到科员，除了高朵朵之外，都对所谓

“企划”不熟悉，因而高朵朵高效率高品质高创意的“企划”对他们造成巨大的冲击，于是他们一起对外放风声，说高朵朵是个什么叫做“企划”都不懂的人，于是连经理、总经理，都知道高朵朵是一个“不懂企划”的人……高朵朵虽然可以死皮赖脸地做下去，但毕竟他是个有原则有骨气的人，于是不到半年高朵朵便辞职了。

《易经》上说：“君子藏器于身，待时而动。”锋芒很容易刺激到周围的人，处世有经验的人，往往毫无棱角，个个深藏不露，好像都是庸才。其实他们的才，远比你的才华出色。他们个个却好像都很讷言，其实其中颇有善辩者。他们好像个个都无大志，其实都是雄才大略者，但是他们却不肯在言语上露锋芒，在行动上露锋芒，这是什么道理？

因为他们有所顾忌。言语锋芒，便要得罪旁人，被得罪了的旁人便成为你的阻力，成为你的破坏者；行动锋芒，便要惹旁人的妒忌，旁人妒忌也会成为你的阻力，成为你的破坏者。你的四周，都是你的阻力或你的破坏者，在这种情形下，你的立足点都没有了，哪里还能实现你扬名立身的目的？

兰杰是一家大公司的职员，平时工作认真负责，表现积极热情，待人也大方，跟同事关系也不错。但是上个月的一次自以为高明的举动却使他在同事中失去了信任和好感。

那一天，公司通知开会，在经理没到之前，大家都在会议室里等着。其中有一位同事觉得地上有些脏，便主动拿起墩布拖起地来。而兰杰似乎事不关己，一直站在窗台边往楼下看。

突然，他转过身来，坚持拿过同事的拖把替他拖地。本来同事差不多已拖完了，根本不需要他的帮忙。可兰杰却执意要求，那位同事只好把拖把给了他。刚接过拖把不一会，总经理推门而入，看到的是兰杰在勤勤恳恳地拖地，经理赞许地朝兰杰点了点头，但同事眼里流露出来的分明是鄙夷和不屑。

从此以后，同事便开始疏远兰杰，即使兰杰主动和同事搭讪，也得不到积极的回应。兰杰在公司成了孤家寡人，工作也因为得不到同事积极的配合而搞得一团糟。兰杰为自己那次不合适宜的表现深感后悔。

在办事的时候，掌握不好热忱和刻意表现之间的界限，就容易引起他人的反感。真正会办事的人，会在关键的时刻才表现自己的真本领。只要你把握好这个机会，你就会做出过人的成绩，大家自然就会知道。既然你已有真实的本领，就没必要不自信，刻意在别人面前露锋芒。你要做的就是留意恰当表现的机会。

卡耐基曾指出，如果我们只是要在别人面前表现自己，使别人对我们感兴趣的话，我们将永远不会有许多真实而诚挚的朋友。我们露锋芒的最终目的是要赢得别人的认可和重视，从而使彼此之间的关系更加融洽，使我们的工作更好的得到配合。为露锋芒而表现的人是愚蠢的。

11. 不要一味忍让

对不知感恩的人，唯一的办法就是停止给他好处，否则他将成为你的负担。在办事的时候，一味的忍让等于懦弱，一味的忍让很容易让人感觉到这是你软弱的表现，一个软弱的形象很容易被人瞧不起，进而导致在以后的交往中容易被更多的人轻视、欺侮。

有的人确实是性格上天生温和、善良，但要注意从维护自己的形象和利益出发。心里要清楚，对什么人可以忍让，对什么人不能忍让。如果你的忍让带点讨好的味道，那就更大错特错了。靠忍让去换得别人的好感，大部分情况下是适得其反。

梁溪果在一家出版社工作，朋友介绍一家印刷厂给他，梁君因为初入此行，印刷厂没有熟人，因此就和那位姓陈的印刷厂的老板合作。

为了减少联系上的麻烦，梁溪果把印刷、订纸、分色、制版、装钉所有工作都交给陈先生包办。事实上，陈先生的印刷厂只有印刷一项业务，其余部分都要转包出去。当然，陈先生也不会做白工，转手之间，他还是赚了二成左右的差价。

几年过后，梁溪果才发现他因为怕麻烦而多花了很多钱，同时也因为出版社的经营已上轨道，人员也增加了，于他是把给陈寒的业务，除了印刷之外，全部收回。

谁知陈寒勃然大怒，说梁溪果没有“道义”，梁溪果向朋友抱怨：“要给谁做是我的权利，难道我这样子做错了吗?”后来他就不再和陈寒合作了。

陈寒把转手的差价当成“理所当然”的利益，梁溪果不再和他合作，他因此而产生利益被剥夺了的感觉，本来可赚一万现在只剩下五千，心里无法适应这种失落，于是便起反感了。从人性的角度看，你给他好处，久了他便认为你给他好处是应该的，一旦不再给，便认为你失去“诚信”，没有“道义”了。

在办事的时候，一味的忍让还容易让人没有主见，分不清是非。在忍让的同时，总会在是非问题上作些妥协，久而久之，你会发现有些时候自己也搞不清到底什么是对，什么是错。这种做法只会害了自己。

在办事的时候，双方不再能愉快的合作，就要对彼此说再见。不要硬拉硬扯的拴在一起。那样，很容易让自己受到物质和精神上的伤害。有些人，会害怕拒绝朋友。但真正的友谊不是建立在利益基础上的，依靠忍让和妥协去负得他人的好感，只会适得其反。

第七章　直钩钓不到鱼，掌握迂回的办事法

不少人是直肠子，一根筋，办事的时候碰到南墙不回头，十头公牛也拉不回来，结果常常会适得其反。其实，不妨兜个圈子，利用迂回战术达到办事目的。

1. 放低姿态才是成功的捷径

在办事的时候，适当地放低姿态，绝不是懦弱的表现，而是一种智慧。这样可以让对方从心理上感到一种满足，使对方愿意合作。相反，你若以高姿态出现，处处高于对方，咄咄逼人，对方心里会感到紧张，而且会产生一种逆反心理。因此，尽快胜出的方法不是自抬身价，恰恰相反，放低姿态才是成功的捷径。

有一位博士在找工作时，被许多家公司拒之门外，万般

无奈之下，博士决定换一种方法试试。他收起所有的学位证明，以一种最低的身份再去求职。不久，他被一家电脑公司录用，做一名最基层的程序录入员。没过多久，上司就发现他才华出众，竟然能指出程序中的错误，这绝非一般录入员所能比的，这时，博士亮出了自己的学士证书，老板于是给他调换了一个与本科毕业生对口的工作。

过了一段时间，老板发现他在新的岗位上也游刃有余，能提出不少有价值的建议，这比一般大学生高明，这时博士亮出自己的硕士身份，老板再次提拔了他。

有了前两次的事情，老板也比较注意观察他，发现他还是比硕士有水平，就再次找他谈话。这时博士拿出博士学位证明，并说明了自己这样做的原因，老板恍然大悟，毫不犹豫地重用了他。

在激烈的就业竞争中，理想的职业固然重要，但在没有更好选择的前提下，暂时屈就也是权宜之计。在社会上对人低头，有时是你的生活方式和工作方式中的一种。当你遇到一个很低的门的时候，你昂首挺胸地过去，肯定要给脑袋碰出一个包来，明智的做法只能是弯一下腰，低一下头，让很低的门显得比你高就成了。

在办事的时候，好多人为了面子，一点都不肯示弱，恨不得把自己的弱项也变成强项，为了给自己卖个好价钱，他们甚至不惜夸大自己的各种能力。结果却常常不尽如人意。不妨进行逆向思考，在大家都在向高处拥挤的时候，你何不放下身架，以低姿态示人。只要你是金子，在哪里都会发光的。寻找低处的出口，可以让我们脚踏实地地攀上成功的阶梯。

被称为美国人之父的富兰克林，年轻时曾去拜访一位德高望重的老前辈。那时他年轻气盛，挺胸抬头迈着大步，一进门，他的头就狠狠地撞在门框上，疼得他一边不住地用手揉搓，一边看着比他的身子矮去一大截的门。出来迎接他的前辈看到他这副样子，笑笑说：“很痛吧！可是，这将是你今天访问我的最大收获。一个人要想平安无事地活在世上，就必须时刻记住：该低头时就低头。这也是我要教你的事情。”

富兰克林把这次拜访得到的教导看成是一生最大的收获，并把它列为一生的生活准则之一。富兰克林从这一准则中受益终生，后来，他功勋卓著，成为一代伟人。他在一次谈话中说：“这一启发帮了我的大忙。”言外之意即是：做人不可无骨气，但做事不可能总是昂着高贵的头。

在办事的时候，着眼于低处，是一种迂回的方式。就如同陷入泥潭时，知道及时爬起来，远远地离开那个泥潭。很多成功人士都是从低层做起的。看看商场上那些叱咤风云的人物，哪一个不是从无人问津的小角色开始自己的成功之路的？

雷墨就曾经说过：“低头是需要勇气的。”如果你想高人一等，就得先低人一头。甘于从低做起，体现了一种务实的精神。如果我们能够在这些不起眼的地方踏踏实实，拿出热情来参与各种事务，会很快获得别人的认同和尊敬，我们离我们向往的成功就会不远了。

2. 请将不如激将

俗语说：“请将不如激将。”在求人办事的时候，我们可以运用刺激的行为或语言刺激对方的感情，使对方，在冲动的情况下做我们期望他们去做的事。一旦我们强烈地刺激到对方的自尊心，对方就会有很明显的逆反心理，会一鼓作气做完我们请求的事。

在求人办事的时候，为防止弄巧成拙现象的发生，要先掌握对方的心理与行为特征。对对方的心理承受能力、个性潜能将发挥到哪一层次等等要有一个大概的评估，这是激将法成败的关键。

北京一家电器公司改革用人制度，决定对中层干部张榜招贤。榜贴出后，大家都看着能力技术俱佳的生产部经理李自强。然而，由于某种原因，李自强正在犹豫。一位老工人找了去，直言相激："李自强，你不是大学的高才生吗？大家巴望着你出牌呢！没想到，你连个副总的位子都不敢接，真是个窝囊废！""我是窝囊废？"话音未落李自强就跳了起来，说："我非干出个样儿让你们看看不可！"他当场决定竞聘车间主任。

孟子说过："一怒而天下定。"办事的勇气一般是从刺激的胆子中崛起的，一怒而成，是很多成功人士的做法。老工人对李自强运用的是一种直激法，通过贬低对方，激怒他，让其跳起来，赴重任。在求人办事的时候，如果别人不应允，我们还一如既往地采用直截了当的请人办法，他们也会一再拒绝。只有采用激将法，才能收到积极的效果。

有一个皮革厂进口了一整套价值300万元的现代化皮革生产设备，由于原料与技术力量不够，搁置了5年也无法使用。

后来，新任的张厂长决定将这套生产设备转卖给另一家皮革厂郭厂长。

正式谈判前，张厂长了解到对方经济实力雄厚，但基本上都投入了再生产，不可能马上腾挪300万元添置设备。对方郭厂长年轻好胜，几乎在任何情况下都不甘示弱，甚至经常以拿破仑自诩。

张厂长："昨天在贵厂转了一整天，详细了解了贵厂的生产情况。你们的管理水平确实令人信服。你年轻有为，能力非凡，真让我钦佩。”

郭厂长：“老兄过奖了！我年轻无知，恳切希望得到老兄的指教！”

张厂长：“我向来不会奉承人，实事求是嘛。贵厂今天办得好，我就说好；明天办得不好，我就会说不好。”

郭厂长：“老兄对我厂的设备印象如何？不是说打算把你们进口的那套现代化皮革生产设备卖给我们吗？”

张厂长：“贵厂现有生产设备，在国内看是可以的，至少五六年内不会有什么大的问题。关于转卖设备之事，只是有两个疑问：第一不知贵厂是否有经济实力购买这样的设备；第二，既使有能力购买，贵厂也未必有能力招聘到管理、操作这套设备的技术力量。”

郭厂长听到这些后，不免有些不快，觉得对方在轻视自己的实力。于是，他用炫耀的口气向张厂长介绍了本厂的经济实力和技术力量，表明本厂有能力购进并操作管理这套价值300万元的设备。经过一番周旋，张厂长巧妙地将闲置了5年的设备转卖给了郭厂长。

张厂长就是利用郭厂长自尊心的积极的一面，从相反的角度激起其“不服气”的情绪，使其产生一种奋发进取的“内驱力”，将他不服输的性格充分发挥出来。从而巧妙地达到了自己的目的。

人们常说：“树怕剥皮，人怕激气。”在办事的时候，如果对方是非常自负的人，用正常的方法，对方会懒得理你。用激将法可以激发对方不服气，不甘服输的心理，这样可以增加对方为自己做事的筹码。如果对方是傲气十足的人，他会特别看重面子，你不妨从正面恭维入手，让他飘飘然，因为虚荣而顺从你的意图。这种类型的人只要你说他长得高，他便会跳起来给你看。

在求人办事的时候，激将法是有一定局限性的，是要讲究分寸的。你要注意刺激对方情感的方法，不要太过分，这样容易让对方形成对抗心理。但也不能不痛不痒，难以让对方的情感产生波动。最好要看人行事，那些办事稳重、富于理智的经验老成者，激将法就很难在他们身上发挥作用。此种方法的运用，最好是针对经验不太丰富而且容易感情用事的人身上。

3. 巧“兜圈子”，绕道公关

一位哲学家说过：“懂得绕弯子的人，才有可能是达到光辉顶点的人。”如果你不懂得“兜圈子”，那么就只有碰壁了。有时候，说话直率可以显示自己的真诚，但这种效果往往是不好的，轻则损害人际关系的和谐，重则造成麻烦，违背言语交际的初衷。而有意绕开中心语题和基本意图，采用外围战术，从相关的事物、道理谈起，即“兜圈子”，却常能收到较理想的交际效果。

生活或者工作中总会碰到各种麻烦，这个时候便不能“直肠子”，而应该想办法兜个圈子，绕个弯子，避开钉子，用曲径通幽的方式，让对方理解自己的意思。但兜圈子要做到适当，否则不仅会把对方引入迷魂阵，还会给人以啰嗦、虚伪之嫌，与自己本来的目的相背。

上海一家著名的杂志社的总编辑郭兰紫身边曾缺少一位精明干练的助理。经过挑选，她将目光瞄向了年轻能干、有活力的李迪。

郭兰紫希望李迪能在事业上帮助自己，使这家大杂志社成功地出版更多、更好的杂志。而当时李迪刚从国外的某著名大学法律系学成归国，正准备回到家乡从事律师工作。

为了能留住她，郭兰紫想迂回进攻，便先请她到一家很不错的酒店吃饭。吃过饭之后，郭兰紫提议请李迪到杂志社去玩玩。

那时恰巧国外部的新闻编辑不在，于是郭兰紫对李迪说："请坐下来，为明天的报纸写一段关于这消息的社论吧。"李迪自然无法拒绝，于是提起笔就做了起来。社论写得很棒，郭兰紫看后也很赞赏，于是郭兰紫请她再帮忙顶缺一星期、一个月，渐渐地干脆让她担任这一职务。李迪就这样在不知不觉中放弃了回家乡做律师的计划，而留在这家杂志社做起了新闻记者。

直白不如婉求，最好先"软化"再开口。郭兰紫并没有直接、强迫性地让李迪留下，而是先恭维对方，让对方愉悦。到时机成熟后再提出自己的要求，这样对方会更容易接受。

对于令人敬畏的对方，在提出请求之前，最好先兜个圈子，提及他的兴趣或近况，使对方觉得"这人好像很了解我"而加深他的印象。调整思路，绕道而行，不要总盯着问题的难点。而是换一种方法，寻找问题解决的办法。

一天，郑板桥夫人捉到只老鼠吊在房里。夜里老鼠不住地挣扎，郑板桥一宿没睡好觉。他埋怨夫人，夫人说她小时候好不容易做了件新衣裳，被老鼠啃坏了，所以特别恨老鼠。郑板桥听后笑了："兴化的老鼠啃坏了你的衣裳，又不是山东的，你恨它是何道理?"夫人说："你不是也恨范县杀猪的吗?"郑板桥恍然大悟，随即吟诗一首：贤内忠言实难求，板桥做事理不周。屠夫势利虽可恶，为官不应记私仇。

原来，郑板桥早年的生活特别贫困。有一年除夕，他们家赊了一只猪头，刚下锅，又被屠户要了去转手卖了高价。这件事让他怀恨在心。在山东范县做官的时候，就特别规定杀猪的不准卖猪头，自己吃也要交税，以示对屠户的惩罚。夫人觉得此法欠妥，就想了这个方法说服他。

郑板桥夫人的兜圈子起到了画龙点睛的作用，让郑板桥意识到了自己的错误。在办事的时候，虽然百折不回的精神令人可佩，但目标前面却是一片陡峭的山壁，没有可以攀缘的路径，我们为什么不学会换一个方向，绕道而行呢？为了达到目标，暂时走一走看似与理想相背驰的路，也是一种明智的选择。

有时候，我们不知道对方葫芦里卖的什么药，或者有些事不能太直接，就要投石问路、摸清底细；有时候为了使对方减轻敌意，放松警惕，我们便绕弯子、兜圈子，甚至用“旁顾左右而言他”的迂回战术，达到自己的目的。

4. 逆向思维，突破难事缠绕的重围

在办事的时候，善于转换思路的人，总可以突破难事缠绕的重围，赢得比别人更多的成功机会。逆向思维，可以打破人们普遍认定的所谓常规，不认死理、不怕试错，在迂回曲折中求索。

在办事的时候，把问题颠倒过来进行求异性的反向思考，会不重复别人，也不重复自己。在解决问题时会出现思维新奇、想象新奇、对策新奇的情形，存在较大的风险，但也可以产生与众不同的效果。

某证券公司的散户股民几乎人人赔钱，只有门口看自行车的老太太赚了个钵盈盆满，于是大家纷纷向她讨教炒股秘方。她说：“门口的自行车就是我炒股的‘指教’，自行车少、股市萧

条的时候我就买股票，自行车多、人人都抢着买股票的时候我就清仓。”

老子曰：“反者，道之功也。”逆向思维打破常规，就要具体问题具体分析。在办事的时候，我们总习惯于沿着事物发展的正方向去思考问题并寻求解决办法，结果有些问题是百思不得其解。如果我们运用逆向思维，思路豁然开朗，问题也会迎刃而解，甚至因此而有所发现。“柳暗花明又一村”，这就是逆向思维的魅力。

战国时期，魏惠王心胸狭窄，忌孙膑之才华，故意刁难孙膑说：“如你能使我从座位上走下来，就任用你为将军。”魏惠王抱着不走下来的态度。孙膑想：魏惠王赖在座位上，我如果强行把国君拉下来是死罪。别无他法，只有用逆向思维法才能达到自己的目的。

三思后，孙膑对魏惠王说：“我确实没有办法使大王从宝座上走下来，但是我却有办法使您坐到宝座上。”魏惠王心想，这还不是一回事，我就是不坐下从座位上走下来，孙膑马上说：“我现在虽然没有办法使您坐回去，但我已经使您从座位上走下来了。”魏惠王这才醒悟过来，只好任用他为将军。

《草庐经略》上说：“虚实在我，贵我能误敌。”如今竞争激烈，许多问题比想象中还要复杂。要取胜，拥有创新突变的能力，就必须掌握别人的变化，这就要采取反“常”的策略。

生活中，有很多人都是按常理办事，他们总是认为这样做是对的，如果不这样做就是违背常理的。其实并不尽然。当你陷入思维的死角不能自拔时，不妨尝试一下逆向思维法，反其道而行之。心理学家研究结果表明，我们所使用的能力，只有我们所具有能力的2～5%，这就要求我们只有开辟出新的思路，才可能化缺点为优点，化弊端为有利，化腐朽为神奇，在似乎绝望的困境中寻找到希望，创造出新的生机，取得出人意料的胜利。

5. 绕弯子可以避开正面碰撞

绕弯子，绝不是遇难而退。“以卵击石”只可能导致失败，绕道而行反而能保存实力，求得生存。从表面上看，是在逃避困难，可它的目的却是为了更好、更快地克服困难，达到自己的目的，因为这样可以减少碰钉子。

曲则全，枉则直。在办事的时候，要避开正面的碰撞，硬拼硬打，只会削弱自己的力量。巧妙地做事，会给对方留下回旋的余地，办事成功的机率也会更大。

一天，齐景公因一个人而大发脾气，命令左右把这个人抓来绑在殿下，一节节地砍掉。古代的“肢解”，是将四肢、脑袋、躯体一节节的分开。同时齐景公还下命令，谁都不可以谏阻这件事，如果有人要谏阻，会有同样的结果。在古代，皇帝所讲的话，就是法律。没有一个人敢肆无忌惮地谏阻。

晏子听了以后装出很厉害的样子，把那人的头发揪住，一边在鞋底下磨刀，做出一付要亲自动手杀掉此人为国君泄怒的样子。然后慢慢地仰起头来，向景公问道：“报告大王，我看了半天，很难下手，好像历史上记载尧、舜、禹、汤、文王等这些明王圣主，在肢解杀人时，没有说明应该先砍哪一部分才对。请问大王，对此人应该先从哪里砍起才能做到像尧舜一样杀得好?”齐景公听了晏子的话，立刻警觉，一个明王圣主，怎么可以用此残酷的方法杀人呢！所以对晏子说：“放掉他，我错了！”

齐景公不听劝阻，因此晏子没有正面阻止他，而是绕个弯子后巧妙地劝说了国君。有些人在办事的时候，明明知道前面就是钉子，就只能硬起。在现实生活中，迎难而上的精神当然可贵，但不向困难低头不等于一味蛮干。

面对困难挫折，我们既要不畏惧、不屈服，又要具体情况具体分析。只有选择符合实际的、科学的、可行的途径去解决，才能最终并尽快取得成功。很多时候，成功除了坚持不懈外，更需要方向。选择一个更适合自己的方向，成功也会来得比想象的更快。选择明确的方向比盲目地努力更重要。

在办事时绕弯子，是原来那条路的延续，只是要出现一个必要的曲折。这说明达到目的不止这一条路。它只是放弃了原来的固执，意味着一种新的开始。现实生活中，往往不是只能用那种方法才能达到目的，你或许因此找到一个更好的方法，提前到达你所要去的地方。

绕弯子表面上走了弯路，实际上，却因为避开了障碍，反而赢得了时间、财力和人力。如果只固执地守在一个地方，这也算一种坚持，但坚持在一个错误的地方，有什么意义呢？绕弯子也是“坚持”，是坚持找到前进的道路，九十九次失败后，把希望放在第一百次上，一百次失败之后，把希望放在第一百零一次上。

6. 抓住要害，旁敲侧击

办事的时候，抓住要害，旁敲侧击，既可以传达言外之意，还可以给对方缓解的空间，愉悦对方。世故之人大都擅长话里有话，一语双关，精明之人无须多言直语，就会让你心里明明白白。

在办事的时候，旁敲侧击其实是一种迂回。它重视策略，更重视隐含之术，较之迂回更为主动，更为巧妙。其高超手段可称为“妙接飞镖又暗中回掷”。

在办事的时候，从外围入手，或者从侧面提出一些次要的问题，步步深入，并带有试探性语气，察言观色，然而抓住要害进行发问，这样可以出其不意，攻其不备，使其无法建立心理防线。

许楠与余巧是一对不错的朋友，他们之间也都视对方为知己。

有一次，单位中的毛书对许楠说：“许楠，我总认为余巧的为人有点太认真了，可以说是已经到了固执的程度，很可笑，你说是不是呀？”许楠听到毛书的话后，顿然产生了一种反感，当时许楠心里就想：你还说别人，你这人在背地里贬损我的好朋友，你觉得自己缺德不缺德呀？

可是他也不好发作，他只是反问道：“毛书，先问你一个问题，如果我在背后和你一起议论他的缺点，他要是知道了，那他会不会和我反目为仇呢？他又会怎么看你呢？”毛书听了许楠那句话后，就再也不吭声了。

许楠就是运用侧面点拨来委婉地告诉对方的不当之处的，让对方明白自己的这种不满，还巧妙地表明自己不会和对方一块议论朋友，从而让他不再这样做。他只是把话题转到另一个角度，用反问的方法达到自己的目的。

社会复杂多变，我们总会有意无意地遇到一些不平之事，不公之人，又不能不去表达我们的一些不满。如果不可以直接表达，我们可以巧妙地运用“抓住要害，旁敲侧击”的方法。表达不满是有一定的学问，特别是对于一些非原则性的问题，一定要做到既能表达出对对方的不满，又不至于破坏和谐的人际关系，会办事的人，会技巧地运用这种比较委婉含蓄的方式，一般不会给对方太难堪的局面。

郭笃是电业局局长的千金，她和某单位的李妙谈恋爱时，总想显示自己家庭背景的优越感。可能是因为李妙出生在农家，大学毕业时被分到局里当科员，也没有什么靠山。郭笃总认为她这方面比他优越。

有一次，郭笃到李妙家做客，她对李妙家人的某些生活方式流露出不顺眼的情绪，而且还不断地在李妙耳边嘀嘀咕咕地发牢骚。特别是吃过晚饭后，把小姑子使唤得团团转，一会儿是让烧水，一会儿又是让拿擦脚布，可以说是当做一个仆人用了。李妙心里很不是滋味。但也不宜直接说，他就借助这个机会笑着对妹妹说："要当师傅先当徒弟嘛！你现在可得加紧培训一下呀，将来你要嫁到别人家里时，也可以摆起师傅的架子来了。"

李妙抓住了女朋友的要害，知道她就是为了显摆自己的高傲。针对这一点，他在恰当的时机间接表示了自己对郭笃的不满，避免了直接冲突，是一种比较好的方法。

在办事的时候，我们可以从正面、反面、侧面多角度地想一想，在对方的要害之处，寻找出可以使对方得到启示的多种不同的表达方式，选择其中一种最好的，从而达到预期的目的。

7. 放长线才能钓到大鱼

常言道：舍不得孩子套不住狼，大家都知道放长线钓大鱼，只可惜有许多人连线都舍不得给，一心只想吃鱼。

。一个目光短浅的人不可能获得成功。因为这种人只看眼前，容易"一叶蔽目，不见泰山"。不能远谋，也不能取得长远的胜利。不仅会蒙受金钱和名誉上的严重损失，还会赔上时间成本。

善于放长线、钓大鱼的人，看到大鱼上钩之后，总是不急着收线扬竿，把鱼甩到岸上。他会按捺下心头的喜悦，不慌不忙地收几下线，慢慢把鱼拉近岸边；一旦大鱼挣扎，便又放松钓线，让鱼游窜几下，再慢慢收线。如此一收一放，待到大鱼精疲力尽，无力挣扎，才将它拉近岸边，用提网兜拽上岸。求人办事也是一样，如果追得太紧，别人反而会一口回绝你的请求，只有耐心等待，才会有成功的喜讯来临。

高小孟有一次在打猎的过程中，没有打到一件猎物，而又饥肠辘辘，这时邻近的农夫李兰可宰了自己家的鸡与他一起进餐，高小孟感激不已。然而到了第二天，有一群人说是李兰可的好朋友来到高小孟家要他请吃饭，高小孟面子上过不去就只好热情招待。谁知第三天，又来了一群人说是李兰可好朋友的好朋友同样要高小孟请他们吃饭，高小孟十分不满就表面上答应他们，许久以后上了一大碗无滋无味的汤给他们喝，这些人觉得滋味不对，忙问高小孟这是什么汤，高小孟回答说，这是李兰可宰的那只鸡炖的汤的汤。这些人终于悻悻而去。

这就是短视的结果。刚有了一点交情就要拼命用完的人确实是太目光短浅了。在办事的时候，好多东西都不是现场的等价交换。要保持长期的相互信任、相互关照的关系不是那么容易的，这就我们需要不断进行“感情投资”。

很多人都有这种毛病，一旦关系好了，就不再觉得自己有责任去保护它了，往往会忽略双方关系中的一些细节问题。而更不好的是人们关系亲密之后，总是对另一方要求越来越高，总以为别人对自己好是应该的；如果别人稍有不周，就有怨言。由此很容易形成恶性循环，最后损害双方的关系。

会办事的人，会明白感情投资也许不会立竿见影，马上见效果，但也绝对不会吃亏。因为如果能够建立起相互信赖的人际关系，对自己的今后事业的发展将有着极大的促进作用。

2005 年，有位姓郑的工人父亲患胃癌急需一笔医疗费。这对本来就不富裕的郑冰来说无疑是雪上加霜。他六神无主地哭着找到了王总。王总了解情况后，二话没说就让出纳给了他 20000 元，嘱咐他别有思想包袱，救人要紧。虽然事后郑冰的父亲因癌细胞转移病情加重去世了，但郑冰却对王总感恩戴德。

2007 年，由于市场竞争激烈，王总的公司日子也不好过，只剩下一幅空架子维持着。就在这时，郑冰在菲律宾的舅舅要来大陆投资办厂，听了外甥的介绍后，老人决定把钱投在人品信得过的王总经营的曙光鞋业公司上，并且还带来了大批新式鞋样、成套设备和许多订单。这样王总的公司在外资的帮助下又起死回生，并越做越大，事业搞得红红火火。

在办事的时候，要想获得支持和理解，需要长期的感情投资。想让对方和自己的心贴得近，就不要临时抱佛脚，或者总是希望下属感恩戴德，从私人利益方面来求得报答，那就大错特错了。

有投入才会有产出，有耕耘才会有收获。感情是互相影响的。可见“感情投资”应该是经常性的，也不可似有似无，从生意场到日常交往，都应该处处留心，要从小处细处着眼，善待每一个关系伙伴。

“放长线，钓大鱼”，“你敬我一尺，我敬你一丈”都是人情操作的一种技巧。但在想着钓大鱼的时候，还必须慧眼识英雄，才不至于将心血冤枉花在那些中看不中用的庸才身上，日后收不回老本。目光短浅的人是不会有广阔发展前途的。只有把眼光放长远，不怕暂时的损失，才能在波涛滚滚中安渡险关，取得长远的发展。

8. 诱“敌”深入，轻松将其套牢

在求人办事的时候，我们要做的应该是循循诱导，应由小到大，由微至著，由浅及深，由轻到重才是，如果一开始就提出让人为难的请求，一定会遭到对方断然拒绝。

周恩来同志说过：“与人说理，须使人心中点头。”会办事的人，会更钟爱引导式的劝服。多费一点口舌，多绕了一点路，使对方心悦诚服，从而顺利到达山顶。所谓诱导，就是有次序地、耐心地、引导对方思考，让人真正想通、弄懂。而诱导，正能帮你这个忙。在诱导的过程中，要有的放矢，所有诱导内容，都要紧紧地为总目的服务。

李玉深是一家策划公司的业务员。公司的很多同事在推销业务时常常还未开口，就被客户赶了出去，但李玉深办起事来就很有自己的一套巧方法。这让她赢得了不少客户。

一次，李玉深去向一家公司推销自己的项目，见到老板后，她这样说道：“您好！我是凯纳瑞公司的销售人员李玉深，今天我来这里的目的，是为了给贵公司送钱。”

“给我们送钱？什么钱？”客户好奇地问。

“提高公司的营业额对您一定很重要，是不是？”李玉深镇定地问。

“那当然了。”

“那提高营业额的有效方式是找到目标客户群对不对？”李玉深接着问道。

“是啊！”

“正好，我要给您介绍的这几种营销服务项目，将非常有利于实现您的目标。”

“哦？说来听听。”

接着，李玉深开始介绍起了自己的项目，几十分钟之后，李玉深成功地签下一单。

常言道“抛砖引玉”就是说要采取迂回作战的方式，以小投入换大收益的计谋。常常是指用相类似的事物去迷惑、诱骗敌人，使其懵懂上当，中我圈套，然后乘机击败敌人的计谋。如果直钩钓不到鱼，不妨采用迂回的方式，先让鱼儿尝到一点甜头，它才会上钩。生活中的做法是让对方占一点便宜，误入圈套，吃大亏。

在办事的时候，这样的诱取，可以避免直接的冲突，让对方心甘情愿地。精于为人处世之道的人，总是会不失时机地付出感情投资，对拉拢和控制对方往往能收到异乎寻常的效果。

相传古时，有一位父亲得知儿子染上了赌博的恶习，便给他写了一首戒赌诗，以诗说理规劝。诗曰：“贝者是人不是人，只因今贝起祸根。有朝一日分贝了，到头成为贝戎人。”

儿子看后，不解其意。父亲给他一一指道：“‘贝者是赌，’‘今贝是贪’，‘分贝是贫’，“贝戎是贼’赌、贪、贫、贼是每一个赌博之徒的必由之路。”

儿子听了，立刻醒悟，弃赌从良，自食其力。

由此可见，当我们有事相求于人时，如果就这样贸然的直冲上去，那么结果往往只会是适得其反。为此只有忍耐、克服自己的急切之心，学会迂回前进，这样才更有可能成功。因为不直接表达目的，而是有步骤的循序渐进，这样才能让对方打从心底慢慢接受我们的意见。

所以，无论是想求人办事，还是与人一决高下，我们一定要学会“诱敌深入”的攻克之法。这样通过高明的感情投资，一步一步的打动对方的心，让对方为自己鞠躬尽瘁，才能最终达到自己的目地。

第八章　应酬有术，酒桌上交朋友酒桌下办事

应酬是办好事情的基础，一个不会应酬的人很难成功，尤其在现代社会，在交往日益频繁的今天，会应酬或者善于应酬的人，办事往往很顺利。因此，在某种意义上，应酬也是一种办事能力。

1. 给宴请找个恰当的理由

请客吃饭是联系感情的一种方式，但是办宴容易请客难。除了吃什么，宴请还需要恰当理由。谁都知道宴请要找一个理由，关键是你找的理由是否让人乐意去。

新分来的大学生李爱艾，和办公室里元老级的同事总是不能融洽的相处，连科长都说他有些木讷。办公室里的同事总能找到理由请客，科长也时不时欣然前往。而李爱艾更加被孤立。他也

想接近大家，却总因找不到恰当的请客理由而烦恼。

李爱艾生日还有半年多的时间，其他也没有值得庆祝的。他实在找不到可以宴请大家的理由，又怕落个马屁精的雅号。这天，李爱艾在路边的饭厅吃午餐，看到对面商店门口有个体育彩票销售点，很多人排着队在买彩票。李爱艾忽然想到了一个好的办法。

从那天，李爱艾开始买彩票，还有意无意将买来的彩票遗忘在办公桌上。李爱艾买彩票的消息，在同事间不胫而走。还没等大家把这个消息炒成办公室最热门话题，李爱艾一天早上郑重地宣布自己获得20000元的一个奖。下班了，同事和科长被请进了艳阳天，酒足饭饱后，李爱艾从大家的眼神里看到了认可和友好的神情。之后，他渐渐融入了这个大集体。那次虚拟的“中奖”让李爱艾有了机会。

请客吃饭本身是一个过程而不是目的，为请客而请客的行为是不存在的，人的任何交际活动都是有特定的动机的。换句话说，请客吃饭是为了满足某种需要，即使是在餐馆里闲时东拉西扯，也有解闷、打发时间的目的。在现实生活中，宴请的动机一般都会被主客双方明确，或者说比较容易察觉和了解。有时候，会被对方所掩盖。

一般情况下，宴请动机与宴请理由是一致的。比如，对方给予你帮助，你就会请他吃饭；多日不见的朋友聚餐等等。有时候，宴请动机与宴请理由存在着不一致性。钱钟书在《吃饭》一文中说：“吃饭有时候很像结婚，名义上最主要的东西，其实往往是附属品，吃讲究的其实不只是吃菜，正如讨阔佬的小姐，主旨倒并不是在女人。”这样就可以避免直接的尴尬。如果太直接，对方会毫不犹豫的拒绝。比如，你想交女朋友．就开门见山直接提出邀请，说出自己的目的：“周小姐，你真漂亮！我想和你搞对象，我们一块去吃饭吧!”人家去吗?

如果你想联系对方，加强彼此之间的感情，你可以找一些非明显利益的借口。下面是一些相关的表达方式：

甲：“老朋友多日不见，我们抽时间去聚一聚吧。”

乙：“你大老远的跑过来，说什么我们都要好好喝一杯。”

甲：“你那天已经请过我了，这次该轮到我请你了。”

乙：“我觉得你特别像我以前的一个同学，我现在特别想念他。有空我们可以聊聊。”

甲：“好长时间没有认识新朋友了，有时间我们好好认识认识。”

乙：“我初来乍到的，希望大家多帮助，明天请大家吃饭。”

甲：“你以前帮助过我，我一直铭记在心，我得好好报答报答你。”

乙：“我今天又做成一笔新的生意，我们去庆祝一下吧。”

甲：“我女朋友今天生日，我请大家吃一顿。”

2. 请客吃饭，如何向“贵人”发出邀请

俗话说：“篱笆立要靠桩，人立要靠帮。”我们时求人办事时除了送礼之外，还要请客。其实送礼与请客是相随的，请客吃饭也是作为求人办事交往中的一种礼节性行为。向“贵人”发出邀请是第一个步骤，恰当邀请可为求人顺利和成功提供条件、奠定基础。为此，我们应做到：

1. 选择合适对象

给你带来帮助的人就是邀请的对象，有时候，还可以邀请一些其他朋友作陪。邀请时要考虑对象的学识、年龄、地位、性格的差异和他们相互间的关系等，以防邀请欠合适的人，破坏邀请对象间的关系和谐，给你的交际与办事带来的不便和麻烦。

邀请时，还要注意对方的喜好。如果你打算邀请对方下棋，就不要请

舞友；如果你要邀请对方跳舞，就不要请球友；如果你打算邀请对方打球，就不要邀请一起买彩票的朋友。从宴会规模的大小、性质、需要方面综合考虑。

2. 采取恰当的方式

邀请对方的时候，可以提前相约，可以随时通知，可以密谈，可以派专人来传话、自己亲自登门，还可以故意宣传。总之，要根据不同的人，具体问题具体分析。需要提前相约的主要是指大多工作忙、时间紧的学者、专家、领导等；可以随时通知的主要是指闲暇时间多、工作容易调度的朋友；需要密谈的主要是指保证交往活动的隐蔽性的朋友；需要派专人来传送的主要是指比较重要的工作联系、业务关系、公关事务等的朋友；故意宣传的主要是指某团体的要人。

3. 注意“行”、“明”、“便”、“诚”

行，是指邀请的可行性。

有一个人办了一家酒楼，开业剪彩，非得请某省长亲临，来装门面，作宣传。谁知久请不到，一拖再拖，最终也没请来，白白浪费了时间。所以邀请要量力而行，既不强人所难，也不为所不能为。

明，就是要明确、明白。邀请前一定要明确宴会的时间、地点、活动内容、邀请对象等，以便心中有数，做好邀请。还需将上述事项向邀请对象传达明白，以利其接受邀请，准时赴约。

有人请客，向其朋友发了请柬，但是地址打印错误，结果造成了大家都没及时地找到地方。

便，就是要尽可能地为邀请对象着想，为其提供来往交通的便利。

张老板想请刘教授帮他解决一个设备的技术难题。刘教授年事已高，行动不便，原本打算拒绝，没想到张老板竟派专车来接，还有专人护理。这使刘教授很感动，改变了主意。这样与人方便，利人利已。

诚，就是真诚的相约，不虚情假意，不违约、不失信。

刘小旭曾邀请几位朋友到他家去做客。朋友信以为真，谁知他却是虚意敷衍，让朋友吃了闭门羹。他这种失礼行为，使朋友非常气愤。事隔多年，提及此事，朋友们仍然耿耿于怀。

3. 饭局上的座次不能乱

在中国，办事吃饭是常事，而且已成为一种社交方式。但是这样的饭局往往是不好应付的，诸多的潜规则等待你去体味。饭局上的座次讲究得很，不能乱。诸如谁该坐主陪，谁该坐副陪，谁该坐主宾的位置，谁当副宾等，都有不少讲究。

中国排座次总的来讲，座次是“尚左尊东”、“面朝大门为尊”。若是圆桌，则正对大门的为主客。主客左右手边的位置，则以离主客的距离来看，越靠近主客位置越尊，距离相同则左侧尊于右侧。若为八仙桌，如果有正对大门的座位，则正对大门一侧的右位为主客。如果不正对大门，则面东的一侧右席为首席。

设大宴的时候，要根据主客身份、地位，亲疏分坐。首席居前居中是桌与桌间讲究的排列。一般来说，左边依次2、4、6席，右边为3、5、7席。主人会提前到达，在靠门位置等待，并为来宾引座。如果有老板出席，主人会将老板引至主座，请客户最高级别的坐在主座左侧位置。或两桌

1. **桌次的安排**

如果宴会设在酒店或礼堂，圆桌有两桌或两桌以上时，则必须定其大小。其原则是以背对饭厅或礼堂为正位，以右旁为大，左旁为小。一般的家庭宴会，就没有桌次顺序的区分了。

如果出现三桌的情况，中间最大，右旁次之，左旁为小。

2. **座位的席次**

一般来说，除自助餐、茶会及酒会外，主人应就桌次的顺序和每桌座位的尊卑，主动安排众人的位次。如果随便坐，会引起主客及其他客人的不满。

一般而言，必须注意下列原则：

（1）座位的末座，不能安排女宾。

（2）如有外宾在座，则华人与外宾杂坐。

（3）职位或地位相同，则必须依大小的顺序排座。

（4）依政府官员、社会团体领袖、社会贤达为序落座。

（5）社会伦理，长幼有序，师生有别，在非正式的宴会场合，更应该恪守。

（6）职位或地位高者为尊，高者坐上席，依职位高低，即官阶高低定位，不能逾越。

（7）如有国外的宾客，应遵守外交惯例。

（8）以右为尊，左为卑。如有男女主人并座，则男左女右，以右为大。如有席设两桌，男女主人分开主持，则以右桌为大。宾客席次的安排也应以此为标准落座。

（9）女士以夫为贵，其排名的秩序，与其丈夫相同。即：男主宾排第一位，其夫人排第二位。但如邀请对象是女宾，夫不一定与妻同贵，可以排在其他宾客之间。

（10）在男女主人出面款宴的席次，不论圆桌或长桌，理想的席次安排，以六、十、十四、十八人（余类推）为宜。凡是八、十二、十六、二十、二十四人（余类推）座次的安排，必有两男两女并座的情形。

4. 无论宾主，点菜有讲究

在酒桌上应酬的时候，点菜是件最令人头疼的事情。特别是求人办事，根据被请者的财力以及所办事情的难易程度，点菜的难度系数也随之起落。谁都想少花钱多办事，如何点菜呢？点菜的要领是咸甜兼备，干汤相宜，要做到这一点可不容易，这是一个味觉美学的问题，资深人士才能驾轻就熟。

> 赵新锐是位地道的湖南人，有一次，公司派她负责一批重要客户的接待工作。这批客户来自北京，却点明要品尝一下“有深圳特色的湘菜”。于是，赵新锐带他们来到深圳较有名气的酒店。她想，既然吃湘菜，那就要充分体会它的麻辣香浓，于是她大力推荐了这家酒楼口味最为麻辣的“三湘四水”。
>
> 结果，满桌的上海客人对着这盘“三湘四水”面露难色。赵新锐这才明白过来，“有深圳特色的湘菜”就是“不辣的湘菜”啊！

点菜时必须了解有多少位客人，有多少种口味，尽量作到对他们的要求了如指掌。有的人要吃肥肉，有人只想来点青菜，湖南人要吃辣，上海人想吃甜，这些基本的要领点菜的人必须掌握。

可见，点菜是一项充满了技巧、经验、心理的系统工程。如果不是自信心特强的人，不妨藏拙，坐享其成。等大多数客人到齐之后，将菜单供客人传阅，并请他们来点菜。如果你担心预算的问题，最重要的是要多做饭前功课，选择合适档次的请客地点。

如果是你来买单，客人会让你来作主。如果你的老板也在酒席上，千万不要因为尊重他，而让他来点菜，除非是他主动要求。否则，他会觉得不够体面。如果你是赴宴者，要让主人来点菜。如果对方盛情要求，你可以点一个不太贵、又不是大家忌口的菜。在点菜之前要先征询一下桌上人的意见。

点菜时尽量不要向服务员问菜肴的价格，或是讨价还价，这样会让你在客人面前显得有点小家子气，而且客人也会觉得不自在。点菜时，一定要心中有数。可根据以下三个规则：

1. **了解这家餐馆的特点**

属于哪个菜系，这个菜系的特点是什么，哪些菜是这 个菜系的有名或者是目前流行的菜式。

2. **人均一菜是比较通用的规则**

如果是男士较多的餐会可适当加量。

3. **最好是有荤有素，有冷有热，尽量做到全面**

尽量不点用同样手法烹调的两种菜肴。如果桌上男士多，可多点些荤食；如果女士较多，则可多点几道清淡的蔬菜。

4. **看宴请的重要程度**

若是普通的商务宴请，平均一道菜在50元到80元左右可以接受。如果这次宴请的对象是比较关键人物，那么则要点上几个够分量的菜。

5. **特价菜一定要点**

特价菜是餐馆招揽顾客的一种促销措施，基本上是平价揽客的，可以达到省钱尝鲜的效果。

5. 别让不雅吃相损坏你的形象

俗话说，吃要有吃相。但吃得漂亮并不是一件容易的事情，不雅的吃相会损坏你的形象。随着职场礼仪越来越被重视，商务饭桌上的吃和吃相也更加讲究。以下以中餐为例，教你如何在餐桌上有礼有仪，得心应手。

1. 宴席刚开始时的礼节

服务员送上的第一道湿毛巾是擦手的，不要用它去擦脸。上龙虾、鸡、水果时，会送上一只小小水盂，是洗手用的。洗手时，可两手轮流沾湿指头，轻轻涮洗，然后用小毛巾擦干。

2. 宴席的过程中，要注意各种细节

（1）入席后不要立即动手取食。要让主人、尊敬的长辈或重要的人士先动碗筷用餐，端碗的时候，要大拇指扣住碗口，食指、中指、无名指扣碗底，手心空着。切忌不端碗伏在桌子上对着碗吃饭。

（2）对外宾不要反复劝菜，可向对方介绍中国菜的特点，也不要指望对方反复给你让菜。

（3）一次夹菜也不宜过多，要闭嘴咀嚼，细嚼慢咽。即使自己喜欢的菜，也不能张开大嘴，大块往嘴里塞，狼吞虎咽的，这样给人留下一副馋相和贪婪的印象。（4）夹菜应从靠近或面对自己的盘子夹起，不要从盘子中间或靠别人的一边夹起，更不能用筷子在菜盘子里翻来倒去。眼睛也不要老盯着菜盘子。

（5）夹菜时，不要碰到邻座，不要把盘里的菜拨到桌子上，不要把汤泼翻，不要将菜汤滴到桌子上。最好能手握餐纸或餐巾，感觉到嘴边有饭粒等东西的时候，要及时地清除。切记，用舌头去舔是特别不雅的行为。

（6）口含食物时，最好不要与别人交谈。

（7）用筷子或手取接吐出的骨头、鱼刺、菜渣，不要直接吐到桌面上或地面上。

（8）自己添饭，并主动给长辈添饭、夹菜。遇到长辈给自己添饭、夹菜时，要道谢。

（9）不要玩弄碗筷，或用筷子直向别人。不要用手去嘴里乱抠。用牙签剔牙时，应用手或餐巾掩住嘴。不要让餐具发出任何声响。

（10）餐后不要不加控制地打饱嗝。

3. 主人示意用餐结束，客人才能离席；离席时，要向主人道谢

6. 注重细节，杯子底下好办事

世界上许多国家都有饮酒的习俗，但是没有一个国家像中国这样，赋予酒这么多的内容。洋人把酒当作一种私生活，而在我们，酒完全是一种交际的载体。酒与交际的紧密结合，使得杯筹来往之间，人际关系拉近不少，事情往往也就办得差不多了。

俗话说："无鱼不成宴，无酒不成席。"酒桌上的学问不可不知，别因一些细节而坏了大事。

首先来说说敬酒需要注意的细节：

1. 敬酒时，要注意礼节

上身挺直，双腿站稳，以双手举起酒杯，待对方饮酒时，再跟着饮，敬酒的态度要热情而大方。在规模盛大的宴会上，主人将依次到各桌上敬酒，而每一桌可派遣一位代表到主人的餐桌上去回敬一杯。

2. 敬酒时，要注意尺寸

敬酒不是让你成心把别人灌醉的，意思意思就行了。更不要耍心机，偷偷地在他人的软饮料里倒烈性酒。

中国人敬酒时，往往都想对方多喝点酒，以表示自己尽到了主人之谊，客人喝得越多，主人就越高兴，说明客人看得起自己。

酒席开始，主人往往在讲上几句话后，便开始了第一次敬酒。这时，宾主都要起立，主人先将杯中的酒一饮而尽，并将空酒杯口朝下，说明自己已经喝完，以示对客人的尊重。客人一般也要喝完。在席间，主人往往还分别到各桌去敬酒。

其次来说说劝酒：

劝酒主要有几种方式：

1. 回敬

回敬是指客人向主人敬酒。

2. 文敬

文敬是指有礼有节地劝客人饮酒。

3. 互敬

互敬是指客人与客人之间的“敬酒”，若被敬酒者无法找出反驳的理由，就得喝酒。

4. 代饮

代饮是躲避敬酒的一种方式。在主人或客人又非得敬上以表达敬意的时候，为了不扫宾主的兴的同时，避免自己不会喝酒或喝酒过多的尴尬。

5. 罚酒

罚酒也是“敬酒”的一种独特方式。罚酒的理由多种多样，对酒席迟到者的“罚酒三杯”是一种最常见的情形。

最后，如果你恰好不善饮酒，就要学学拒酒的办法了。所谓“兵来将挡”，在酒桌上要学会随机应变，凭借你的机智和口才，就可以练就一身“推”酒功夫。

第一种方法是主动要一些非酒类的饮料，并说明自己不饮酒的原因。或者是让对方在自己面前的杯子里稍许斟一些酒，然后轻轻以手推开酒瓶。按照礼节，杯子里的酒是可以不喝的。

第二种方法是当敬酒者向自己的酒杯里斟酒时，用手轻轻敲击酒杯的边缘，这种做法的含义就是“我不喝酒，谢谢”。当主人或朋友们向自己热情地敬酒时，不要东躲西藏，更不要把酒杯翻过来，或将他人所敬的酒悄悄倒在地上。

第三种方法是劝酒者采用的是欲抑先扬的战术：先恭维你是“高人”

是“朋友”，弦外之意就是

如果你不喝酒，就不配为“高人”、不配为“朋友”。那么你可以反过来这样说：“你要我喝酒简直是要我的命。如果把我当朋友，就不要害我。”言外之意是你要我喝酒就不够朋友！因为劝酒者都有一个心理：喝也罢，不喝也罢，口头上都必须承认是朋友，是兄弟。抓住这个弱点予以反击，劝者碍于“朋友”的情面，不得不缄口。第四种方法是装痴卖傻。对方硬劝你喝酒，你可装出一副豪迈的样子说：“我本不会喝酒，但诸位兄弟的殷殷之情令我非喝不可。今天我就舍命陪君子，为你们醉了也值!”说完仰脖一口喝干。然后作烂醉如泥人事不省状，任谁推拉叫喊你都置之不理，装傻睡大觉。对方以为你出了洋相，就再不会来找你了。

7. 融洽气氛最关键，适时讲点诙谐的笑话

中国人认为“独乐乐不如众乐乐”，在请客吃饭的时候，要多注意融洽气氛。事实上，往往酒席间的一句话说得不恰当，就会导致宾主的不欢而散。所以，能够营造饭桌上融洽气氛、增进主客感情的，不仅仅是一桌饭而已，很多时候，语言得体要比好酒好菜更能发挥作用。

请客吃饭，就要让客人尽兴。为了酒席间能有一个良好的气氛，身为主人可千万不能把话说错了。请客吃饭的时候，对请客对象的家人要周到，这样，更能体现你对这位客人的重视。其次，请客吃饭的时候，要慷慨大度，切忌小气。如果表现出对价钱很在意，会使请客的效果大打折扣。

张申要请安全局的王局长吃饭，事先到家里去接王局长。当时王局长的父亲带着三岁的小孙子也在家中。将王局长接到以后，张申见王大爷抱着孙子也送出了门，就礼貌地笑笑说：“您

留步，不用送了！”

王大爷愣了一下，连忙笑着说：“好好好！”说完阴沉着脸，抱着孙子重新回到了屋子。

张申开车走到半路上，见王局长好像有心事，不知怎么回事。吃饭时，张申想办法让王局长开心起来，王局长却只是敷衍一下，也打不起兴致。最后，酒席不欢而散。

张申总是想不明白，自己这么周到，这么热情，为什么王局长总是闷闷不乐呢？后来，他终于想明白了，原来那一天，王局长的妻子不在家，没人做饭。当时王大爷抱着孙子出门时，是想一起吃个便饭的，哪知道自己说了一句：“您回屋吧，不要送了！”就把人家拒绝了。张申想到这里，后悔不已。

在饭桌上营造融洽的气氛，语言很重要，是表达热情和善意的重要方式。酒桌上可以适时讲点幽默诙谐而不失风度、滑稽而不粗俗、精炼而不繁冗的笑话。可能只是短短的几句话，或者简单的行动，却常常能胜于千言万语的描述与雄辩，使别人明白你要表达的事实和道理，并轻易地接受、为之折服，达到酒桌气氛融洽的效果。

张度化在一家有名的酒店请客吃饭。服务员倒酒时，不小心将啤酒洒到他那光光的秃头上。服务员吓得脸都变了色，全场人手足无措，目瞪口呆。没想到这位客人却诙谐地说：“老弟，你以为这种酒能治疗脱发吗？”在场的人闻声大笑，尴尬局面一下子被打破了，宾客的诙谐向大家展示了自己的大度胸怀，又巧妙地为服务员摆脱了窘境，使招待会能愉快地继续下去。

酒桌上的诙谐，可以使愁眉不展者笑逐颜开，也可以使泪水盈眶者破涕而笑；可以为孤僻者增添情趣，也可以使欢乐者更加愉悦。

在酒桌上，融洽气氛是关键，适时地将一些诙谐的笑话，可以逗乐大家，还可以给别人留下聪明的印象。这样以后求人办事就会轻而易举了。一般来说，诙谐的力量是无穷的，它可以使年轻人显得机智，使老人变得年轻；可以吸引众人的注意力，可以在微微一笑间缩短彼此的距离。而在各种紧张、尴尬的场合中，诙谐更能发挥出非凡的作用，使所有令人不快的气氛一下子变得愉悦而轻松，使对立冲突、一触即发的态势转为和谐与融洽，还能使对方心悦诚服地理解、接纳你和你的观点。

8. 敏感的话题不去碰，察言观色才能左右逢源

在酒桌应酬的时候，对待敏感话题上，反应一定要快。一旦做到避开不适宜的话题，你就可以轻松自在地去聊天，再也不必担心自己由于出言不慎破坏愉快的气氛。所以为了避免引起不必要的误会，聊天时应该注意避开那些不合适的、不受欢迎的话题。

深谙“察言观色”之道的说话高手才更显其本领和魅力。“察言观色”才能左右逢源，才不致使谈话中断、冷场。

有一次，在结婚典礼，忽然有个人谈起了“离婚”话题：“千万不要离婚。我离过三次婚，对这一点太有体验了，所以我要对你们提出忠告……”

这人实在是大煞风景。怎样才能避免类似的错误呢？最好的方法就是设身处地地站在他人的立场来看待自己的言谈。

常言道：“一人向隅，举座不欢。”朋友怀着欢欣的心情坐到你的宴席上，并不是为了吃点喝点什么，而是为了互诉衷肠、互诉友情。只要不是什么特殊需要，尽可以随意一点。不要在酒桌上论职务高低，那样不仅不会使上司提高威信，让上司脸上有光，结果只会适得其反。不要谄媚讨好位尊者，也不要歧视冷落位卑者，在酒桌上应谦逊而不矫饰造作，充分

显示出你的诚挚内心，更不能因关系远近表现出明显的。让沉默寡言的朋友积极参与你们的对话中，这样不仅可以打消对方的尴尬，还可以赢得对方的心。如果你们的讨论引不起他的兴趣，可以不时地向其微笑，请他吃点心或喝茶。要注意不要对对方的生活隐私过多的关注，特别是在不甚了解对方家庭状况的情况下，不宜贸然提及。关于宗教、歧视等话题也不要提及。

对于女性不宜说“你胖了”，这样对方会担心自己的体态是不是走样了。相反，如果你说对方瘦了，对方会认为自己有了疾病的困扰。总之，个人想法、立场不同，某个话题，也许你认为没什么，却可能是别人的禁忌，特别是别人身体上的改变，尽量少拿来做寒暄的话题。

与人交际时所遵守的基本原则是：特定的场合有着特定的敏感话题，不要“误踩地雷”。这样，在一些喜庆场合，千万不要讲晦气的话题；相对地，在葬礼等场合，更不应该讲开心的话题。

如果你不是说话的高手，你的经验也不够丰富，你尽量要做到不去伤害别人，也不会去扫人家的兴。避开了敏感话题，在察颜观色的情况下，你就可以左右逢源了。这样，你的受欢迎指数也会飙升的。

第九章　借力乘势，不花钱也能办事的招术

我们都知道诸葛亮草船借箭的故事，很多事情不是我们的力量可以解决的。单枪匹马的时代已经过去，一个人的能力再大，没有足够的外力作为支持办事也难以顺利。凡成大事者都懂得合作，以求借势发挥，从而成就自己的事业。

1. 人人都能为我所用

比尔·盖茨说：一个善于借助他人力量的企业家，是一个聪明的企业家。在办事的时候，“人人为我所用”不失为一个明智的选择。特别是在自己的力量还没有足够强大的时候，此方法应该是一个捷径。

随着现代社会的发展，专业分工越来越细致。靠个人单枪匹马独闯天下的时代已经过去。调动外界的一切能为我所用的资源，可以提高我们的办事效率，迅速达到我们的预定目标。生活中可以为我们所用的资源比较

多，比如，亲戚、朋友、同学等的地位、名望、财富或权力等。古往今来，借助于他人之力成功的事例真是数不胜数。不善于利用关系的人是不可能把一件事顺顺当当办成的。而那些善于利用关系的人则办起事来如鱼得水。人人为我所用追求的就是最大限度地利用好关系网。

由于于静和大门口的警卫关系搞得特别好，而且于静特别善于利用这一关系，和警卫一直都保持着一种友好的关系。所以，几乎每一个到冠龙小区租房子的人都会找于静帮忙。

大门口的警卫等于是小区的一扇窗口，每次有人要租房子，第一个就是问他们："这里有没有人要出租房子？"警卫每一次的回答都是："你去问问那个住在六楼的于静，她那里有信息。"为什么警卫会对于静这么好呢？因为在这之前，每一天从大门经过的时候，于静总是向他们打招呼，把这些警卫当成自己的朋友。不但逢年过节送好吃的。平常有好吃的，也记得拿出来与他们分享。这些警卫们自然对于静心存感激，自然愿意帮于静的忙了。

于静在大楼里住了 18 年，靠做出租房屋的中介就赚了很多钱。谁都不会相信顺手送一盒饼给警卫，利用警卫的关系会赚进很多钱！于静的做法告诉我们：办事的关键并不在于你多么聪明、懂得算计，这些都是次要的。而最重要的是，如何建立关系和利用关系。

于静可谓是能做到"人人为我所用"的经典，她所用的关系已经牵连到大家容易忽视的警卫。

荀子在《劝学》中就说到："假舆马者，非利足也，而致千里；假舟楫者，非能水也，而绝江河。君子生非异也，善假于物也。"借助于车马的人，不必自己跑得快，却能远行千里；借助于舟船的人，不必自己善水性，却能渡江河。君子生性与别人无异，只是因为他善于借助和利用外物，所以就不同了。

徐华在坐火车时，和邻座的刘女士聊了起来。刘女士过去是做会计的，后来逐渐厌倦这一行业，于是，就辞职自己开办了一家公司，现在这家公司发展得非常红火。徐华和刘女士聊得很是投机到目的地后，他们匆匆交换了名片。

过了几个月后，徐华所在的单位倒闭了，徐华找工作找了几个月也无着落，他非常着急。有一天，他忽然想起了刘女士，于是就给她打电话，说明了自己的情况，问那里有没有适合自己的岗位。虽然刘女士的公司目前不缺人，但是她还是帮徐华介绍了另一家公司，让他去面试，就这样，徐华找到了新的工作。

一位著名的学者经过长期研究得出结论说："一个人的成功知识的作用只有30%，而其余的70%则取决于人际关系。"人人为我所用的力量是特别大的。如果我们对自己关系网中的一些人不在意，就会常常和贵人擦身而过！当然，我们有困难的时候，也不会轻易地想到他们，也不会得到他们的帮助了。

在办事的时候，能做到"人人为我所用"，就会如虎添翼，一顺百顺，升得也会更快。美国石油大王约翰·D·洛克菲勒曾说过说：我愿意付出比得到任何其他本领更大的代价来获取与人相处的本领。可见，别人对我们的作用有多大。在适当的时机，任何一个普通人都可以扭转乾坤，成为你的大贵人！所以，在我们平时为人处世的时候，要尽量和每一个人保持友好的关系，以备用时有所依靠。

2. 妙借权贵影响，搭上成功的顺风船

在办事的时候，可以玩一下"狐假虎威"的伎俩。这种策略讲究的

是弱小者巧借外部环境力量战胜强大者，以达到“小鱼吃大鱼”的目的。通常，借别人之风扬自己之帆，被称为办事过程中的一个通则。

一厨具商有一批滞销厨具久久不能脱手，他忽然想出了非常妙的主意：给总统送去一厨具书，并三番五次去征求意见。忙于政务的总统不愿与他多纠缠，便回了一句：“这厨具不错。”出版商便大做广告：“现有总统喜爱的厨具出售。”于是这些厨具被一抢而空。

不久，这个厨具商又有厨具卖不出去，他又送了一本给总统。总统上了一回当，想奚落他，就说：“这本厨具糟透了。”厨具商闻之，脑子一转，又做广告，“现有总统讨厌的厨具出售。”又有不少人出于好奇争相购买，厨具又售尽。

第三次，厨具商将厨具送给总统，总统接受了前两次教训，便不作任何答复。厨具商却大做广告，“现有令总统难以下结论的厨具，欲购从速。”居然又被一抢而空。总统哭笑不得，商人大发其财。

正所谓“雀攀高枝”。在办事的时候，借助外力增长自己的势力威风，经常会很好地达到战胜对手的目的。在现实社会中，借用的可能性会比较大。如果对方是一位强大而有权有势者，他与你抱有同样的梦想，他会愿意帮助你的事业。如果对方与你有着共同的利益，那么有权有势的他也会助你一臂之力。同理，如果对方是你的特殊关系，也会适时地支持你。

大学四年的每年暑假特朗普都协助父亲管理业务，并独自迁居繁华热闹的曼哈顿。他在高级社交圈结识不少有钱有势的政经名流，这对于他日后发展房地产事业，有莫大助益。

1974年，纽约市曼哈顿区的“宾夕法尼亚中央铁路公司”宣告破产，特朗普立刻买下这块地产，向政府建议在此兴建“市立会议中心”，但迟至1978年才获纽约市政府批准。特朗普要求市政府用“特朗普”命名此会议中心，遭市政府拒绝。

1975年，特朗普花费100万美元购买了邻近纽约中央火车站的破旧旅馆，他依靠自己5年的准备和认识的名流，终于说服市政府给予40年减税优惠。之后，他以2亿美元在纽约曼哈顿商业区兴建“特朗普大厦”。这幢高达68层的综合商业大楼，吸引了无数长期租客，为高收入的民众提供了宽敞办公室、精品商店以及豪华公寓，特朗普也因此财源滚滚。

凭借多年来在政经界认识的那些权贵朋友，他轻而易举地扩张信用，投资手笔也一次比一次巨大，并傲慢地以“特朗普”之名为保证，有数家银行竟然愿意随时为他提供上千万美元的贷款金额。

这就是“权贵效应”流行的原因。在做事的过程中，能够借助点名人的效应，那么效果一定会大不一样。

如今这个复杂的社会，借助权贵提高自己的社会知名度，已经是被社会所承认的方式之一。一个人要想成就一番事业，除了努力苦干，还要加巧干，比如想办法与权贵沾上一点关系，借他的名望来壮大自己的声势。

3. 巧借他人威名，成己难成之事

俗话说：一个篱笆三个桩，一个好汉三个帮。在办事的时候，假成功人士之名，是走向成功的捷径。在关系网中，“借”字是核心。把握了“借力”这一核心，就把握了关系网的精髓。特别是在自己的力量还没有足够强大的时候，想要顺顺当当把事情办成功，除了靠自己的努力外，有时还要假成功人士之名才能扶摇直上。

一代天骄成吉思汗，就是善于借助他人力量。铁木真当年进攻蒙古蔑乞儿部时，兵力不济，后来他联合草原雄鹰札木合，假借其名造声势，一举歼灭蔑乞儿部，等到他与札木合争雄时，又联合王罕，打败了札木合，奠定其草原霸主地位。

1959年在莫斯科举行了美国博览会。百事可乐公司董事长唐纳德·肯特亲临现场，他凭着当时和美国副总统尼克松的私交，要求尼克松想办法让苏联总理喝一杯百事可乐。

当赫鲁晓夫路过百事可乐的展台时，尼克松同赫鲁晓夫介绍了百事可乐，赫鲁晓夫就顺势拿起一杯百事可乐品尝。这一情形被各记者的镁光灯记录了下来。这对百事可乐来说，无疑是一个特殊的、然而又是影响力最大的广告。借助这件事百事可乐领先可口可乐，在苏联市场站稳了脚跟。

很多事都是这样，不知默默无闻地存在了多少年，偶然一次，和总统扯上关系，便身价倍增，名扬海内外。这就是借助名人的人气的缘故。这些知名度较高的人都有一定的威慑力量。但是，你要真心去交这样的朋友。

很多人并不是不会借力，而是难为情而不愿意求人，总觉得这样做有失体面，好像是贬低了自己的能力。其实，这些想法都是不必要存在的。没有一个不需要别人的帮助的。

1987年天津自行车厂了解到，布什于1974年到1975年间担任美国驻中国联络处主任时，和夫人芭芭拉经常骑着自行车穿行于北京的大街小巷，两人的照片仍保留着。从照片上看，布什骑的是凤凰牌男车，而布什夫人骑的那辆女车就是天津自行车厂生产的飞鸽牌。

得知美国总统和夫人即将访华，于是，该厂要求职工们抓紧时间，特意加工装配了一辆绿白色的83型男车和一辆红白过渡色的84型女车，策划出一个向布什总统和夫人赠送飞鸽自行车的奇招。这种车是他们1988年底才研制出来的新品种，经质量鉴定测试达到国家规定的ISO421的安全标准。很快，这个新品种风行在大众之间。

在办事的时候，巧借别人的威名，可以很好的办好自己的难办之事。很多时候，一旦你的人脉资源的品质和数量比较好的话，你就会在人际交往中特别受欢迎。因为，别人的威名可以致富，每一个人都愿意攀龙附凤。

人们都有这样的心理，名人的生活一定有他非凡的地方，所以，能与名人有联系的必定是不一般的。在办事的时候，你不妨顺势借用一下，那么你就可以很快像他们一样“长袖善舞”了。

4. 借助对手之力，顺利完成要办的事

红顶商人胡雪岩说过说：“同行不妒，万事都成。”在办事的时候，如果我们注意借助对手的力量，那么，我们就容易树立威望。求同存异，是周恩来总理提出的一项外交原则，它也可以是竞争者之间和睦相处的法则。

现如今，竞争对手“挖墙角”的现象已经很普遍，同行业的人之间常常陷入恶性循环中。其实，如果像胡雪岩这样，设法联络同行业，通过携手，借助对方之力，就可以在市场上形成了气候。这些都益于同行同业

的真心合作，友好待之，那么就可以在资金、人脉上得到资助。

有些人，害怕可能对手影响到自身的经济效益。其实，在求同存异的基础上，依靠对手，联合对手的力量，反而能更快地发展和壮大自己的力量，打开别人难以打开的局面。

编辑部左丹不久前刚刚被提升为社科类选题负责人，薪水也提高了一半。她之所以能获得这个职位，就是因为她以对手的弱点为突破口，展示自己的优势，从而获得了领导的赏识与器重。

左丹平时所做的社科类图书策划文案都十分精彩，并常有文章在杂志和报纸上发表，文采相当不错。当她得知社科类的选题负责人正在酝酿时，又得知编辑部已经内定人选——小柳，一个很能写，口才也挺好，又极善讨好上司的人。但他的文笔没法与左丹比，两个人在实际工作上绝对是两个水平。

左丹在同事的鼓励下，来了个毛遂自荐，把自己曾发表过的作品和以前成功的策划案例交到了编辑部主任的手里。“不比不知道，一比吓一跳”，编辑部主任一看左丹极佳的策划方案，工整的字体及辉煌的工作业绩被惊呆了，他没想到左丹是如此优秀，通过比较发现左丹适合这个职务，当即任命左丹为选题负责人。

利用对手的弱点作为晋升的突破口，听上去有些卑劣。但却是有效的提升之道，这种巧妙的借力还可以掩饰自己的弱势。

在竞争激烈的社会中，如果你不懂得如何借用对手的力量为自己创造条件，失败当然在所难免，恰如一只不懂得在人面前开屏的孔雀，又怎么会让众人因它的美丽而发出赞叹和欣赏？

新加坡有个叫“好客天国”的地方：白天是停车场，晚上则是小摊王国，摆满了各式各样的小吃摊。

顾客只要随便坐在一家摊位上，就可以把这个地方各家的食品风味品尝个够。只要跟摊主说你想吃哪家的小吃，他会马上派人取来奉上，结账时只要向这家结就可以了。这样的方式让顾客感到非常方便，而摊主之间也从未发生利益上的纠纷。金新领就是其中一个摊主，他赚了钱就和一起摆摊的朋友合作开了食品公司。现在他用世界上最有名声的劳斯莱斯车专车来上下班。

绝大部分人看到对手，都会产生一种敌视情绪，在与对手相处时，态度极为冷淡，时时保持警惕之心。这种行为有情可原。但聪明的人总是会化敌为友，为己所用，给自己留一条退路。

不肯让对手一步，是敌视对手的一个很大的原因。经济学理论表述，在某一个时期市场总份额是固定不变的。所以，在一个行业内，同行间意味着要分享同一市场，也就是利益的分享，就造成同行间的竞争。为了各自利益，很多同行间会互相忌妒。在办事的时候，若能意识到这一点，照顾到对方的利益，对方当然会不忘给我们留好处的。这样，不仅可以互惠互利，还有可能创造出更大的经济利益。

5. 借力发力，顺势办事

俗话说："借别人的梯子，登自己的楼。"办事的时候，如果走直线不行，就可以走走曲线，来个"曲线救国"。一滴水只有融入大海，才能不干涸。一个人再有能耐，其力量也是渺小的。所以，只有利用别人的能力，才能实现自己的目标。

"巧借人力，顺势而为"就是利用别人的权力或优势来替自己办事。它的关键在"借"和"顺"两个字上。首先要在别人那里发现可借之物，把握其内在的力量，然后顺着这种内在的力量，走到我们的目的地。

在美国的一个法庭上，金英太太正与丈夫闹离婚，理由是她丈夫有了外遇。

法官问道：“金英太太，你能不能告诉法庭，与你丈夫私通的‘第三者’是谁？”

金英太太爽快地说：“当然可以，她就是臭名远扬的‘足球’。”

法官听后哭笑不得，只得劝道：“足球不是人，你只能控告足球生产厂家！”

谁知金英太太果真在法庭上指控了一年生产20万只足球的天地足球厂。更出乎意料的是，通过法庭调解，该厂居然答应赔偿金英太太10万英磅的精神损失费。

足球厂老板说：“金英太太与丈夫闹离婚，正说明我厂生产的足球的魅力，而她的控词给我厂做了一次绝妙的广告。”

足球厂老板可谓是顺势而爬的精明人，他很明白在办事时借助东风，就很容易扶摇而上的道理。我们生活中所说的“办事因势而变”就是在恰当的时机由恰当的人选去办该办的事。有些时候办事能利用对方的对立思想情绪，有意识地反过来说，反过来做，使对方与你唱反调，也能达到自己的预期目的。

利用别人的力量，才能使事情以最快的速度做好。单打独斗的时代已经过去，利用别人的力量变得越来越重要。

一家大公司招聘高层管理人员，九名优秀应聘者经过面试，从200多位面试者中脱颖而出，闯进了最后一轮的复试。

复试是由老板亲自把关的，他把这九个人随机分成甲、乙、丙三组，指定甲组的三个人去调查婴儿用品市场，乙组的三个人去调查妇女用品市场，丙组的三个人去调查老年人用品市场。

老总说："录取你们，是要你们去开发市场的，所以，你们必须对市场有敏锐的观察力。现在我把你们分成了三个小组，希望你们互相合作，全力以赴。"大家一个个也都暗中较劲，都希望自己表现得最优秀。临走的时候，老总又交代他们到秘书那领取相关行业的资料，以避免盲目展开调查。

三天后，九个人都把自己的市场分析报告递到了老总那里。老总看完后，站起身来，走向丙组的三个人，分别与之握手，并祝贺道："恭喜三位，你们已经被录取了！"

看着大家疑惑的表情，老总说："请大家找出我叫秘书给你们的资料，互相看看。"

原来，每个人得到的资料都不一样，甲组的三个人得到的分别是本市婴儿用品市场过去、现在和将来的分析，其他两组的也类似。而只有丙组的人互相借用了对方的资料，补齐了自己的分析报告。甲、乙两组的人却分别行事，抛开队友，自己做自己的，形成的市场分析报告自然不够全面。

老总说："其实我出这样一个题目，主要目的是考察一下大家的团队合作意识，看看大家是否善于在工作中合作。要知道，团队合作精神才是现代企业成功的保障！"

大家都知道诸葛亮草船借箭的故事，很多事情不是我们的力量可以解决的，因此，只有学会借用别人的力量，乘势而为才会取得成功。聪明的办事者都善于借力、借势去营造有利的氛围，从而为他们的生活化解难关，铺平道路。

6. 借别人的才学做自己的事

在办事的时候，能够发现别人的才能，并能为自己所用，就等于找到了成功的钥匙。聪明的人总是善于从别人身上吸取智慧的营养补充自己。正如曹操所说：“我任天下之智，以道御之，无所不可。”

一个人即便能够凭个人的能力取胜，但也往往只能昙花一现，不会维持得太久，原因是，他们总有江郎才尽、或者心衰力竭的一天。会办事的人懂得和善于利用别人智慧的人，才是干大事的人。

王石是万科公司的董事长兼总经理，也是一位善借他人之力的智者。L君原是万科公司的一名职员，可不知什么原因，忽然不辞而别，被聘到一家酒店做业务经理。

王石在公司与L君一起工作的时候，发觉L君很有才干，且上下左右的关系也处理得非常融洽，这样挥手而去，很是可惜。而且自己在有些方面存在不足，L君又恰恰有这些方面的长处，两下取长补短，不是更好吗？

于是王石左思右想，花了很大力气，终于说服了L君重新加入了万科公司，而且当年在L君的配合下，齐心协力，为公司赚了几百万元，使得公司营业额超过两亿多元，在深圳五家上市公司中名列第二。

万科成功的奥秘当然不只是借用人才之力一个原因，但是善于借用人才之力，显然是其第一的重要因素。纵观古今中外，凡是能成就一翻大事业的人都离不开他人的扶助。做人多点心眼，就要能花些心在别人身上，让别人来帮助你。

楚汉相争中，刘邦由于势力较弱，经常吃败仗。此时的刘邦只看到了自己所处的危境，全然没有了风度，勃然大怒，破口大骂，把自己的本性暴露无疑。

正说着，刘邦感到自己的脚被人狠狠踩了一下。坐在边上的张良向他示意了一下，原来是张良为了制止他说出更难听的话，急中生智，踩了刘邦。刘邦晓得这位先生一定有重要的话要告诉自己，就打住了下面的一连串骂人的话语。

刘邦向张良请教，张良说："韩信、彭越都知道，楚军很快就要被打败了。但大王既没有给他们封地，又没有许诺胜利后共享成果，他们当然不来。如果您先将自陈地以东，直至海边，都封给韩信，自睢阳以北，直至阿城，都封给彭越；然后，您再允诺将来与他们共分天下，那时，他们两人就会闻风而动，赶来效力了。否则，局势的演变还难以预料呢。"

刘邦很快派出使者，到韩信、彭越处，宣布分封和约定。两人果然欣然响应，立即分率重兵，来与刘邦会合。

刘邦终于在垓下全歼楚军，赢得了战争的最后胜利。

刘邦乃一朝之祖，在打天下的时候，须依靠这些将才，能否管好这些大将是他能否取得天下的关键。对于韩信，他也是一会打一拳、踢两脚，一会又给点好处相利诱，让韩信为他打天下，尔后杀之。刘邦是个善于用人的领袖，韩信功高盖主，他虽口有不满，却还是好言对之，利用韩信为自己拿下天下，等到天下平定便诛贬韩信这实在是用人的最高明手腕。

历史上，任何精明能干的将帅、官员，甚至帝王，无不尽力寻觅天下奇才，为他出谋划策，充当参谋。

俗话说："一根筷子易折，一把筷子不易断。"讲的就是一个人的力量是渺小的，只有借助其它更多人的力量，才能形成无坚不摧的堡垒。总之，一个人的成功靠的不是事必躬亲，彻夜不眠地工作，去贡献自身的能力，而是在于懂得运用和发挥别人的才干。因为发挥别人的才干，是一个无限的能力源泉。

7. 恩师领路一朝即成，摸石头过河还需十年

在办事的时候，一个人即便再有才华，如果不能得到恩师的指点，也不会锻造成金石；如果没有恩师的携带，也不会有出人头地的机会。

无论是资历和财力，恩师都会高出我们一截，因此能够得到恩师的赏识，便是你人生的一大幸事了。而找到恩师为自己的靠山，更易让自己成就一番事业。

在1995年的时候，中国还存在中文信息严重匮乏的问题的时候，美国的互联网开始发展迅猛，网上服务日益壮大。正在美国麻省理工大学留学的张朝阳突然意识到这个领域在中国应该大有作为！他去找自己的老师尼葛洛庞帝，极力说服他的老师进入中国的信息产业，恩师借给张朝阳22.5万美元作为创业风险金。

通过自己的恩师，张朝阳又去说服风险投资家爱德华，爱德华也同意投入一定的资金。有了启动资金，1997年张朝阳成立了中国第一家以风险投资基金建立的互联网公司，这就是搜狐公司。因此，张朝阳被称为是中国高科技风险投资的第一人。

1998年2月，搜狐公司推出了标志性产业——中文搜索引擎“搜狐”（SOHU）。创业之初，公司极需钱来做技术和软件，张朝阳发邮件四处求援，结果收到的都是拒绝的回复。他坚持不懈的努力，终于政变了这种不利状况，英特尔、太平洋风险等业界巨头，都答应出资，“搜狐”于是开始飞速发展。

半年后，搜狐被当时世界最大的网络服务商“雅虎”盯上。张朝阳与对方谈了几次，不能接受合并后统一用“雅虎”名称这一条件，坚决走自强自立的道路。很快，搜狐公司进入了快速发展的时期。

大获成功的张朝阳非常感激恩师尼葛洛庞帝，他说：“我和他首先是师生关系，后来他在我这赌了一把，我们是投资者的关系。这几年我的业绩特别好，他庆幸自己赌对了。我们现在都是公司董事会成员。”

张朝阳能够得到恩师的垂青并最终获得巨大的成功，这是张朝阳的幸事。

在人生的起步阶段，恩师是我们潜在的贵人和靠山，把握得好便能让你更快的脱颖而出，走上一条成功的捷径。

众所周知，如今早已不是什么“酒香不怕巷子深”的年代了，有才华的人也不能关在家里等着恩师上门发现自己。你认为自己有才华，事实上这个世界上自认为有才华的人多了，所以，你要抢先被恩师发现，就要先学会推销自己，展示自己的才能，让恩师看到自己的本领。这样，就会有了被提携的机会。

香港著名富豪李嘉诚就非常注意培养他的儿子观察学习别人的说话艺术及办事能力。每当有重要的会议，会见重要的客人，处理公司的一些问题时，他总是让他的儿子在一旁观察，倾听，领会。儿子在父亲这个恩师的悉心培养下，用心学习和观察，才能在今天从容地支撑并发展起他的经济王国。

在办事的时候，我们很容易忽视别人给予的帮助，忘记了人脉对于个人成功的作用。殊不知，在现实中，你的才能再高，知识再多，也需要恩师的提拔，如果单靠自己在黑暗中探索，不仅需要很长时间，而且成功的机会也很渺茫。既然我们都知道守株待兔是愚蠢的举动，那么我们为什么要守“雄才”而待“恩师”呢？

8. 找准你的“黄金搭档”

俗话说：孤掌难鸣、独木不成林。在办事的时候，我们会经常要寻求他人的帮助。有合作意识，走共同创业的道路，才能出人头地。最好的合作，就是优势互补，这就要求你要找准你的“黄金搭档”。

少之和、金英泰是某皮革公司的两位职员，厂长要在他们两人中选一个人提升为生产科长。谁更合适呢？

少之和的工作可以说是无懈可击，他很爱与各部门竞争，总想击败对方，在专业技术方面比对手金英泰强；金英泰的工作显然没有少之和出色，但他知道如何与别的部门配合，并与每一个人都能很好地合作。他力求在各方面配合公司的目标，常找时间去各部门看看，了解别的部门的职责和问题，借以增加自己的知识。

最后，厂长选了金英泰。厂长说：“少之和是我们工厂最好的领班，但他的事业眼光太狭窄，把自己局限在专业中，限制了晋升的机会。如果只把自己局限在专业里，而不晓得合作的重要性，那至多不过变为一个熟练的技术人才而已。”

所谓“红花还要绿叶扶”，“七分努力，三分机遇”这说明了联合的力量是强大的，互助的作用不可或缺。这样才能各取所需求得双赢。在生活中，我们经常看到有些人不仅拥有精湛的技术，还拥有很强的个人能力，却独来独往，离群索居，不善于与他人合作。没有别人，特别是没有“贵人”的帮助下，这种人很容易陷入孤立之中，很快便会被竞争的大潮所淹没。即使能坚持下去，但累死累活地干了一辈子，还是如当初那样两手空空。

在办事的时候，应寻找最佳的黄金搭档，所谓的“明君贤相”就是很好的利用优势互补这个道理。即你用你的优势，去弥补他人的劣势，以此换取他人以自己的优势来弥补你的不足。

20 多年以前，乔布斯和沃滋相互认识的时候还是中学生。他们想要一台“8800”，在缺乏资金的情况下，这两个电脑迷决定自己动手装。他们装了 100 套“苹果－I”计算机板，然后每台售价 50 美元，正好够他们的本钱。

社会上大部分人不是想买散装件，而是想买整机。这给了乔布斯最重要的市场信息。这家商店的经营者是个有心人，他为了督促乔布去设计制作微电脑整机，便把“苹果－I”故意装在了一只粗糙不堪看起来很没有档次的木头盒里。当乔布斯再次到这家商店的时候，他们就给设计者乔布斯看这个寒酸的电脑外壳，这促使乔布斯下决心去设计制作美观的外壳。这就是后来著名的“苹果－II”。

有了这次成功的经验后，乔布斯和沃兹决定自己开公司，但首要的问题是筹借资金。这时，来光顾的第一位是唐·瓦伦丁，他是乔布斯和沃兹的老板介绍过来的。他把乔布斯和沃兹介绍给了另外一位企业家——英特尔公司的前市场部经理马克库拉。这是一位精明练达的风险企业家，对微型电脑业务十分精通。

这位 38 岁的富翁来到乔布斯的车库里，仔细询问并实地考察了“苹果”的样机，提了一大堆问题。最后问起了关于“苹果”电脑的商业计划。马克库拉独具慧眼，看出了这两个小伙子的潜能。于是他们三个人日夜工作，制定了一项“苹果”电脑的研制生产计划。马克库拉首先将自己的91000美元先期投入，又帮助乔布和沃滋从银行取得了25万美元的信贷。接着，他们三个人吸引了另外60万美元的资金。接着，他们聘请了33岁的迈克尔·斯科特当经理，因为他熟悉集成电路生产技术。马克库拉、乔布任正副董事长，沃兹任研究发展部副经理，苹果微电脑公司就这样走上了它飞速发展的道路。

乔布斯和沃兹可谓是黄金搭档，正是他们的合作才有了今天的苹果公司。但是，人与人的合作不是力气的简单相加，而要微妙和复杂得多。假定每个人的能量都为1，那么10个人的能量可能比10大得多，也可能甚至比1还小。最重要的是，你要先充实自己，让自己散发出无比的魅力，然后再吸引优秀的合作者向你靠近。这样的黄金搭档才能如鱼得水。

9. 借别人的“鸡”，生自己的“蛋”

大多数初出茅庐的创业者两手空空，身无分文，不论办什么事都举步维艰。正所谓：“好风凭借力，送我上青云。”空等死耗不如寻找途径去借势而起。

对于大多数白手起家的人来说，头一件要紧事就是通过各种途径去筹集创业所需的基本资金。无本经营是很多精明的人在创业的初始阶段的首选，借别人的“鸡”，生自己的“蛋”是他们首用的方法。

“借钱买船”是香港船王包玉刚发家的方法。在开始创业的时候，他向朋友借了钱买了一条破船。然后，用这条船去银行抵押贷款，贷来了款，又买第二条船。同样的方法，他买了第三条船。他采取这种“抵押贷款”的办法，滚动发展起来了他的事业。

起初，身无分文的他竟然让著名的汇丰银行借钱给他买来了一艘崭新的轮船。他先是到银行找到信贷部主任说："我在日本订购了一艘新船，价格是100万，同时，我又在日本的一家货运公司签订了一份租船协议，每年租金是75万，我想请贵行支持一下，能不能给我贷款?"

信贷部主任说："你这个点子不错，但你要有担保。"他说："可以，我用信用状担保。"很快，包玉刚到日本拿来了信用状，银行就同意了给他贷款。为什么银行会给他贷款？我们来分析一下：

如银行给他100万造这条船，每年就有75万的租金，不需2年，他就可以还清100万的贷款。

银行肯定担心，怕他有钱不还，或有情况还不了钱。这没关系，因为银行这里有货运公司的"信用状"担保，这家公司很守信用，如他不给钱，银行可以找这家货运公司，安全不成问题。所以，银行就敢贷给他。

不要让"既无内债，又无外债"的小本经营的思想理念左右了自己，从而失去扩大经营，壮大企业的机会。在必要的情况下，要敢于借贷、善于用贷，走一条借钱生钱的发财路。借钱做事是一种杠杆，是一种使你的理想变成现实的一种绝佳方法。高智商的人总是能在没钱的情况下空手套白狼，用别人的钱为自己做事造富。当然，你借钱不能接受太高的利息，要在借款协议中运用你所拥有的筹码争取到对你最为有利的条款。

有一句这样的名言："只有傻瓜才拿自己的钱去发财。"把别人的钱和别人的努力结合起来，再加上自己一套奇特而行之有效的胜算谋略，然后，再走上舞台，尽情地指挥那奇妙的经济管弦乐队。其结果是，富人会认为不过是雕虫小技，或者说不过是借鸡生蛋，然而，世人却认为你出奇制胜，大获成功。因为，人们根本没有想到，竟能借用别人的钱为自己做买卖赚钱。

美国可口可乐公司董事长戈苏塔上任的时候，可口可乐公司的长期债务由不到资本的2%猛增到资本的18%，这种举动使同行们大惊失色。戈苏塔用这些资金来改建可口可乐公司的瓶装设备，并大胆投资哥伦比亚影片公司。他说："要是看准了兼并对象，我并不怕增加公司的债务负担。"这种不怕负债的勇气将可口可乐公司从困境中解救出来，公司的利润一下子增长20%，股票也开始上涨。可口可乐也慢慢向世界大公司的行列靠拢。

戈苏塔不怕负债的勇气是来自于看准方向基础之上的决断。他不是滥借贷款，加重公司负担，而是将债款用到生产的关键环节上。这样，暂时的负债会赢得长时间的盈利，最终债务也会彻底清偿。

如果畏首畏尾，不敢冒借债的风险，像可口可乐前任董事长伍德拉那样极保守，那么企业就会永远失去发展的机会，最终会在公司竞争中失败。有一次，公司里一位财务负责人要以9.75%的利息去借一亿美元的资金来兴建新建筑时，他马上回答说："可口可乐永远不借钱！"虽然他的谨慎战略使可口可乐公司在经济大萧条中免遭灭顶之灾，但也因此产生副作用，使这个公司发展极其缓慢，不能进入美国大公司之林。

在办事的时候，你可以花10年、20年、30年时间，自己在黑暗中慢慢地摸索，但最聪明的办法，就是站在巨人的肩膀上登高望远，踏着成功者的脚步走，用最短的时间学习顶尖高手的成功经验。综观商业发展史，许多商贾巨富在初始都是穷光蛋。他们一般都是靠借钱起家的。其实，借别人的"鸡"，生自己的"蛋"是借势的最高境界。

当然，我们还应该知道借债就是一把双刃剑，你若小心运用会使你致富，你若不小心，会适得其反。凡事有利必有弊。若是消费性借贷，那应极力避免。如果是“投资性借贷”可视为另一种情况。事实上，很少有白手起家的富翁不借债的。富人之所以能够成功，是因为他们深谙借钱、贷款的算计。科学家阿基米德所说的杠杆原理便是利用借贷的款来使一个人的小耕耘变成大收获。如果不愿借贷别人的钱，不愿负债，那么你将失去很多机会摊子。

10. 选一个好对手做“靠山”

对手是做事路上的参照物，也是你做事的“靠山”。能否做成事，往往就取决于你能否选择一个强大的对手。你只有胜过他，才能证明你的强大。

我们经常会盼望贵人出现，但有时我们的贵人恰好是我们的敌人，正因为有了敌人的存在，才使我们将压力转化为前进的动力。曾经有一位知名企业的老总在谈及自己的成功经验时总结说：“我今天的成绩要归功于竞争对手，是竞争对手助我上青天。”有了对手，在办事的时候，我们才有危机感，才会有竞争力。有了对手，你便不得不奋发图强，不得不锐意进取。否则就只有等着被吞并，被替代，被淘汰。

约翰逊有一个“长大要当世界长跑冠军”的梦想。15岁那年，他拜小有名气的长跑教练威廉为师。

威廉看着约翰逊的两条短腿满脸不屑，但他不忍心轻易击碎一个少年的梦想。

“好吧！从明天起，和你的新队友一样每天早晨五点钟开始从家跑到我这里来。”

结果，第一天，第二天，约翰逊都是最后一名。

威廉开始替约翰逊感到难过：“要知道你的家到我这儿可是所有队员中最近的啊！看来我得劝你改行了。”

在第三天威廉就改变了主意。因为约翰逊不但第一个跑到，而且比其他队员整整早到了20分钟。

“按照这样的速度，今天你已经打破世界长跑记录了！”望着上气不接下气的约翰逊，威廉惊讶无比！“你不会是凌晨四点从家出发的吧？”

“教练，今天早晨我在五公里长的森林里遇到了一头野狼，它一直在拼命地追我！”

后来，约翰逊真的成为一名世界马拉松长跑冠军。而他的教练威廉先生也因用野狼作为那些学员的特殊陪练而举世闻名。

会办事的人，在选择对手的时候，是要用点心计的。我们都知道田径场上的长跑比赛，比赛开始的时候，众人齐发，难分先后，但到了中途，选手们都会跟上某位对手，然后在恰当的时机突然加速超越，然后再跟住另一位对手，再在恰当的时机超越他，一直冲至终点。

在办事的时候，跟住对手是为了避免在不知不觉间慢了下来，被后面的选手赶上。同时，利用对手来激励自己，不让自己慢下来，还可以提醒自己不能冲得太快，以免力气过早耗尽。

会办事的人会选择有价值的对手，其对手会比自己的能力强一些，但不能太强，以免自己为过多的曲折煎熬。在办事的时候，不要盲目乱追，要对他进行综合分析。通过学习其优点和方法，研究出一套自己的方法来，那么你超越他的时间就不会太长了。

其实，有时候，我们经常会面临追不上对手的尴尬。他只走那么几步，就很可能把你甩在后头。这时候，你就要偷偷地积蓄力量了，等到你暗藏的能力足够激发你的潜能的时候，你就会进步得更多、更快了。即使没有你想要的结果，这些磨练还会成为你一辈子的财富。

可惜的是，在办事的时候，许多的人都把对手视为是心腹大患，是异己，是眼中钉，肉中刺，恨不得马上除之而后快。其实只要反过来仔细一想，便会发现拥有一个强劲的对手，反而倒是一种福分。因为一个强劲的对手，会激发起你更加旺盛的精神和斗志。相反，一个人如果没有对手，就会没有“靠山”，那他就会甘于平庸，养成惰性，最终导致庸碌无为。

第十章　一眼把人看透，直指人心底牌

为了办事，我们就要与各种各样的人打交道。但是，由于人们所处的环境及生活习惯的不同，也就形成了不同的性格特征。我们与之相处，只有深入这个人的内心了解其性格特征及优缺点，才能对症下药，找到与之相处的恰当方法，进而提高办事效率。

1. 察言观色，利用人性弱点试探人心

每个人都有弱点，从弱点处看人心最有效。在办事的时候，对方经常会在言行举止中不小心暴露出自己品质上的弱点，比如，指责他人过失、诋毁他人声誉，吹牛皮、讲大话等无聊的举动。一般来说，观察一个人的情感变化机能，就可以分辨出胸怀的宽窄；观察一个人感触外界变化的反应，就可以确定其平常情况的态度。

战国七雄并立时，乱世之中的齐国宰相田婴却因治国有方，而使齐国威名远扬。对于个人做人之道，他也懂得极多，特别善于洞察人心。这使得出身王族的他，没有被卷进王位争夺的漩涡，反而能够经历三代王室，任宰相职位达十余年之久。田婴善于此道，常巧用心机博得齐王欢心。告老之后，封于薛国之地，安享余年。田婴得以善始善终的秘密就是他的一双入木三分的惠眼，看透人心的好眼力。

历史记载，齐王后去世时，齐王并不做明确的表示后宫的10位嫔妃中，究竟是哪一位继任王后。身为宰相的田婴于是开始动脑筋。他认为：如果能确定哪一位是齐王最宠爱的妃子，然后加以推荐，定能博得齐王的欢心，并且对他倍加信赖；同时，新后也会对他另眼相看。可是，万一弄错的话，事情反而糟糕，所以必须想个办法，试探一下齐王的心意。

于是田婴命．工人赶紧打造10副耳环，而其中一副要做得特别精巧美丽。

田婴把这10副耳环献给齐王，由齐王分别赏赐给10位宠妃。第二天，田婴再拜谒齐王时，发现齐王的爱妃之中，有一位戴着那副特别美丽的耳环。毫无疑问，不久之后新继任的王后便将是这位妃子，田婴推荐这位妃子恰好顺了齐王的意。因此，他博得齐王和王后的信任，使他屹立权位的旋涡而安然无恙。

在办事的时候，利用人性的弱点去试探对方的内心，很容易直击要害。但是，这样做必须十分谨慎，否则很容易失败。因为在你试探别人内心的时候，极有可能会被对方试探的可能。千万不可忘记，被你试探的对象也有眼睛，疏忽了这一点，事态就可能发展得极为严重。

大约在秦统一天下还有40年的时候，秦国当时的宰相应侯，非常能干。应侯原来在韩国汝南拥有自己的领地，后来被韩国没收。由魏国逃亡到秦国的他，在秦国做官，屡次升迁，终于升到宰相的高位。其主张的一系列的外交政策，为日后秦国统一天下奠定了基础。

秦王十分同情他的境遇，于是问道："你被韩国夺取领地，心中想必有所不平。"

秦王本意是要试探身为宰相的应侯，是否会因私怨而对韩国采取报复手段。

应侯心想：如果报复韩国，日后推行的对韩政策，必会受到重重阻挠，因此，故意表示出对于韩国没收自己领地一事，并不在意。于是，应侯答道："听说有一位失去儿子的父亲，在接受别人吊唁的时候告诉他们：'死了儿子固然伤心，但是想一想我原先也是没有儿子的人，也就不难过了。'我也是原来没有封土的平民，所以现在也不会为失去领地而感到难过。"

秦王虽然对他表现的宽阔胸襟感到敬服，但仍怀疑他真正的心意是否如此，于是派遣一位将军前往试探。

这位接受特殊使命的将军一见到应侯就脱口而出："丞相，我真难过得不想活了。丞相您想想，秦王对您优礼有加，远近皆知；可恨那小小的韩国，竟敢公然夺取丞相在韩的领地，这种耻辱我如何忍受得了！"应侯听完这话，完全忘了防范，立刻站起来向这位将军深深一鞠躬，并且说道："那就全仰仗将军您了。"

将军回去之后，将经过情形一一禀报秦王。应侯的真心被秦王知道后，再也不被信任了。

擅弄权术的宰相被秦王看破心意，这就要你在了解了人心的时候，时时要假设自己正被对方试探。这时，你的一举一动，都被别人看在眼里，这些举动的累积，很自然地会成为别人对你的评价。

2. 察言观色，从细节入手

在办事的时候，多观察对方的细节，就会很容易知道对方什么时候“刮风”，什么时候“下雨”。敏锐的观察力和准确的判断力可以穿透对方表面的慎重与矜持透视人心。

察言观色并非神通，只是注重了生活中不被人注重的小事，再用巧妙的方法将其运用而已。多对周围人的言行进行观察，对其内心进行剖析，方能成为真正的识人专家，少些捕风捉影的错误，达到“观人于微而知其著”的境界。

比如，对方在跟你说话时心不在焉，眼睛盯着别处看。这就表明对方有什么重要的事，你的造访却打断了他。这时你最明智的方法是请求告辞。对方心里会对你既有感激，又内疚。如果你托付给他什么，他会做得很好，以此来补偿你。

在谈话的过程中，如果有另外一个人走过来和对方说话，你应该主动中止交谈，请主人接待来人，而不是继续纠缠于对方和你聊天，这会让对方左右为难。

魏文侯手下有员将领乐羊领兵去攻打中山国的时候，恰恰他的儿子正在中山国。中山国王派人给乐羊送来一盆他儿子的人肉汤。乐羊悲愤至极但并不气馁，竟然坐在帐幕下把这盆用儿子的肉煮成的汤喝干了。

魏文侯知道后，对人夸奖说：“乐羊为了我，吃下了他亲生儿子的肉，可见，他对我是何等忠诚啊!”乐羊打败了中山国凯旋归，魏文侯奖赏了他的功劳。但是，有人回答说："一个人连儿子的肉都敢吃，那么这世上还有谁他不敢吃呢?"从这开始，文侯总是时时怀疑他对自己的忠心。

魏文侯这样做不无道理，乐羊的自制力过于惊人，非老谋深算之人不能为之。旁人的说法更有道理，因为一个人的行为可以以小见大，有着惊人的内在一致性。

其实，会办事的人，都知道通过对对方的言语、表情、手势、动作以及看似不经意的行为的细致观察，就可以掌握对方意图、了解对方的心思。在对方的举手投足间的细节中，你就会很好地洞悉其内心。

1. 从谈话的内容方式的细微差别上洞悉其内心

（1）话语中透露出恶意责备之意。

这样的人常爱抓住别人的毛病小题大做，对别人也容易尖酸刻薄，自尊心较强。喜欢用这种方式来满足自己的支配欲望和自尊心。

（2）话语中透露出暧昧之意。

这种人处世比较圆滑，从不肯吃亏，懂得如何保护自己和利用别人。喜欢用这种方式来迎合他人。

（3）话语内容多为对他人评头品足，论长道短。

这种人嫉妒心重，心胸狭窄，容易孤独。喜欢用这种方式来唤起对方对自己的尊重。往往会对别人不跟他打招呼之类的小问题耿耿于怀。

（4）话语内容多为发牢骚。

这种人比较骄傲和自大、自视清高，不满意他人在某方面超越自己。在现实中无法保持他们这种优越地位时，他们喜欢用这种方式来宣泄。

（5）话语内容较为传统的种种

这种人大多思想保守、僵化，多有顽固不化的趋势。可以称其为经验主义者。

（6）话语内容极力避开某个话题。

当一个人的心中对金钱、权力或某异性怀有强烈的欲望时，他总是怕被别人识破，就会故意避开这个话题以掩饰自己的真实用意。

（7）话语内容多为家常话。

这种人多是想了解你的实力，探明你的本意，试探你的态度。然后，顺势转入正题。

（8）话语中透露出看风使舵。

这种人大多无原则性，没有自己的主见，可谓是地地道道的“变色龙”。喜欢用“看人下菜”的方式来办事，以达到自己的目的。

2. 从谈话过程中动作的细微差别上来洞悉对方内心

有一个朋友去某外资企业应聘。面试过程中，他通过细致地观察，发现对方的人事部主管在面试过程中不断地转着手中的笔，并且每讲三句话就要喝一口茶，而且西服也是敞开着的，并没有上扣。由此这个朋友进行判断，对方的性格比较开朗，不太习惯于一本正经的办事。这类人往往不喜欢死板的自我介绍和太过自信的人。于是这个朋友采取了拉家常形式的自我介绍。并且临走是对那位主管说：“XX 先生，您转笔的水平好高啊！”结果，这个朋友在众多的竞争者中脱颖而出，第一个被录取。

（1）从上往下看人。这是一种优越感的表现——好支配人、高傲自负。

（2）偶尔往上扫一眼，与对方的目光相遇后又朝下看，如果多次这样做，可以肯定对对方还吃不准。

（3）向室内凝视着，不时微微点头。这是非常糟糕的信号，它表示要对方完全服从他，不管下属们说什么，想什么，他一概不理会。

（4）说话时不抬头，不看人。这是一种不良的征兆——轻视下属，认为此人无能。

（5）双手合掌，从上往下压，身体起平衡作用——表示和缓、平静。

（6）久久地盯住对方看——他在等待更多的信息，他对下级的印象尚不完整。

（7）领导友好和坦率地看着对方，或有时对对方眨眨眼——对方很有能力、讨他喜欢，甚至错误也可以得到他的原谅。

（8）目光锐利，表情不变，似利剑要把对方看穿。这是一种权力、冷漠无情和优越感的显示，同时也在向对方示意：你别想欺骗我，我能看透你的心思。

（9）双手插腰，肘腕向外撑，这是好发命令者的一种传统人体语言，往往是在碰到具体的权力问题时所做的姿势。

（10）双手放在身后互握，也是一种优越感的表现。

（11）食指伸出指向对方——一种赤裸裸的优越感和好斗心。

（12）拍拍对方的肩膀——对下属的承认和赏识，但只有从侧面拍才表示真正承认和赏识。如果从正面或上面拍，则表示小看下属或显示权力。

（13）坐在椅子上，将身体往后靠，双手放到脑后，双肘向外撑开，这固然说明他此时很轻松，但很可能也是自负的意思。

（14）手指并拢，双手构成金字塔形状，指尖对着前方——一定要驳回对方的示意。

（15）把手捏成拳头——不仅要吓唬别人，也表示要维护自己的观点，倘用拳头敲桌子，那干脆就是企图不让人说话。

3. 闻其声，辨其人，知其心

人的言谈，如同人的心性气质一样。人的聪慧愚笨、贤能奸邪很容易据此判断出来！会办事的人明白，言谈识人，功夫还在言谈之外。丰富的生活经验告诉人们，言谈识人，不可凭一时之冲动，要从整体出发，予以全面考察。有识之士能够从一个人的内心焕发出来的声音中，分辨其修养和性格。只要你细心一点，一定会获得一些有助于你了解对方的信息。

明洪武初年，浙江嘉定安亭有一个名为万二的元朝遗民。他是安亭郡的首富。

一次，万二问自京城办事归来的人在京城的见闻。这人说："皇帝最近做了一首诗。诗的内容为：'百僚未起朕先起，百僚已睡朕未睡。不如江南富足翁，日高丈五犹披被。'"万二一听叹口气道："唉，迹象已经有了！"

他马上将家产托付给仆人掌管，自己买了一艘船，载着妻子出逃。果然，两年不到，江南大族富户都分别被收缴了财产，惟有万二逃过了这场劫难。

言谈是人的欲望需求和目的的表现，有的是直接明显的，有的是间接隐晦的，甚至是完全相反的。我们都能理解的是那些直接表达内心动向的言谈，正常的、普通的人际交往是以此为媒介进行的。而那些含蓄隐晦甚至以完全相反的方式表现心理动向的言语，就不是每个人均能理解。

若能够知一反三、触类旁通，反过来想想，倒过来看看，增加点参照物，减少些虚假的东西等等，最后透过言谈话语，发现人的深层动机，那就说明，你比别人聪明得多。而这种知人的方法，也就是言语判断法。

古代羯翔族的民族英雄石勒在14岁的时候，随着同乡经商到洛阳的时候，依着上东门长啸。王衍恰好从此处经过，当时从他的啸声中感到这个孩子不同一般，他对手下人说："刚才那个胡人，我听到他的啸声，观其相貌，是个心怀异志的人，将来恐怕会成为天下的祸患。"派人去追的时候，石勒已逃走了。此后，石勒果然起兵谋反，建立了后赵政权，史称丨“后赵明帝”。

通过人们发出的不同声音，说出的不同话语，来透视一个人的心术，是很有道理的。下面几种常见的透视技巧：

1. 说话内容多为生活琐事

这种人属于安乐型的人，注重享受生活的舒适和安逸；如果经常谈论国家大事，则说明这种人的视野和目光比较开阔，而不是局限在某一个小圈子里。

2. 说话方式多为单纯地叙述

只用单纯地叙述，不加入过多的自我感情色彩，而是将自己置于事外，则表明这个人比较客观、理智，情感比较沉着和稳定，一般不会有过激行为。

3. 说话内容多为概括型语言

这种人多注重结果而不太关心某个细节过程，平时关心的也是宏观的大问题。这种人一般具有一定的管理者和领导者才能，独立性较强。

4. 说话内容多为自然现象

这种人的生活一定很有规律，为人处世也非常小心和谨慎。经常谈论各种自然现象和人际关系的人，可能自己在这一方面颇有心得。

5. 说话多习惯于进行因果和逻辑关系的推理

这种人一般都会有很强的逻辑思维能力，比较客观和注重实际，自信心和主观意识比较强，常会将自己的思想观点强加于他人身上。

6. 说话的时候喜欢不断地转变话题

这种人在谈话中总是把话题扯得很远，表明他思想不够集中，而且缺少必要的宽容、尊重、体谅和忍耐。

7. 说话的时候喜欢畅想将来

这种人一般比较喜欢幻想，有的能将幻想付诸行动，有的却不能。前者注重计划和发展，实实在在地去做，很可能会取得一番成就。但后者只是停留在口头说说而已，最终多会一事无成。

8. 说话时不喜欢对人指手画脚，进行评论

这种人只是偶尔在不得已的时候发表自己的看法，当面与背后的言辞也多会基本保持一致，这说明这个人是非常正直和真诚的。

9. 说话时经常谈论自己

这种人和别人谈话的内容一般包括自己的经历、自己的个性、对外界一些事物的看法，喜欢表达自己的态度和意见等等。这种人多是比较外向，感情色彩鲜明而且强烈，主观意识较浓厚，爱表现自己，多少有点虚荣。

4. “酒后吐真言”，到底可信不可信

常言道：“酒后吐真言。”在办事的时候，很多人会把“酒后吐真言”当作了解人心的重要手段。这种情况存在的可能性比较大。由于酒精的作用，他们所处的状态丧失了过滤和把关的能力，使得不少人酒后出狂言或澜言或胡言，口无遮拦。

有时候酒后却不一定吐真言，这种方法有时会误导人。因此，因人因时而宜，不可一概不信，更不可一概全信。有些人由于不是长期的大量喝酒，偶尔一次醉酒，思维仍然会很清楚，有的人喝酒后头脑反而会更清醒。所以，对于酒后之言，而要认真分析，根据不同情况，加以取舍，或者凭自己的判断，去其虚伪，取其真实，这才是正确的办法。

事实上，醉酒的程度大体可以分成四个等级，即微醉、初醉、大醉、沉醉。我们必须认真观察，仔细判别，酒后说话之人醉到了一种什么程度。

1. **微醉**

这个时候，他并没有失去理智，其言谈并未受到酒精的影响，思路也清楚，只是比没有饮酒前显得亢奋而已。神采奕奕，谈锋颇健，而且思路清楚，逻辑性严密，是这些人言谈时的表现。对于一些平时少言寡语、城府较深的人来说，这样的情况下你会发现更多其不为人知的信息。这个时候，是听话、交谈的大好时机。

需要明白的是，对方在微醉时，思想活跃，完全能够控制自己。其言谈内容不一定句句都是真言，说不定会因兴奋有更多技巧和隐语在语言中。我们要对其言谈内容进行“去粗取精，去伪存真，由表及里”的二次过滤。这样的谈话多针对平日讲话较少，城府较深的人，可以通过“促膝谈心”的方式，进一步窥视其内心隐秘。

2. **初醉**

对于初醉的人来说，其思路和交谈的欲望已经不受主观意念支配，可称为“酒后吐真言”的前期阶段。即，我们常说的“以酒遮脸”。滔滔不绝，不让别人插言；或者神情激奋，表情认真；或者斩钉截铁，一言九鼎；或者态度神秘，令人莫测；或者思路灵活，大异往时；甚至语惊四座，极度坦诚，是初醉者谈话时的特点。

此时他已经被酒精激活大脑，进入了亢奋时期，日常习惯和顾虑已经不能限制他。在没有环境、关系、礼俗等等的约束的情况下，他总能说出平时深藏在心的事情。这是听话的千金难买的大好时机，切不可轻易放过。

3. **大醉**

大醉的时候，就会开始失去理智。人的思维开始错乱，意识处于浑浊状态，还会失去判断能力。其言谈会失去逻辑和思想，这种情况，我们就很难获得其说话的真实含义以及真实思想。

4. **沉醉**

这种状态下，人的正常意识已基本消失，大多沉沉入睡。即使未曾入睡，也完全失态。说话也开始语无伦次，彼此也不连贯，当然不会传达出思想和信息。

由此可见，谈话和听话的黄金时间应该是初醉、微醉时刻。在这个时候，听者应当集中精力，努力获取信息，万勿以酒后之词无足轻重而弃之。

5. 透过言谈洞察对方的性格

语言在人们的日常生活中起着举足轻重的作用，在绝大多数情况下，我们个人内心深处的情感，对外界一些事物的看法、意见及认识，都是通过说话的方式传达出去的。所以说，从一个人说话的方式中也可以观察出一个人的性格。

孙子兵法中有云："知己知彼，百战不殆。"我们可以通过谈话内容洞察对方的内在性格，掌握对方的喜好，见机行事，这样才能让我们的人际关系顺畅无比，办起事来才会更顺利。

越是细微的方面越是要仔细的观察，这样才会使你更准确地掌握对方性格。比如，健谈的人，善于跟他人讲大道理。这种人思维比较敏捷，随机应变能力强，比较懂得圆滑世故，处理问题会相当老练，会很招他人喜欢；喜欢争论和辩论的人，好胜心切，这种人对新事物、新信息的接收能力比较强，有竞争和攻击性心理，有时会自大自负；喜欢纠正别人错误的人，多较主动、自信，这种人往往会伤害到别人；善于倾听的人，多有自己独特的思想、缜密的思维，这种人比较谦虚有礼，虚心好学，善于思考，是值得人信任的；不爱讲话的人，有缺乏自信、性格内向的，也有比较沉着和老练的。

北京一家制造公司的销售员胡冰与一大客户进行生意上的谈判，在饭桌上观察一番之后。胡冰通过判断得出了以下结论：此人吃相难看，一脸奸笑。说话时刻薄、锋利。结账时毫不懂得客套，由此可见，此人是贪图小利，毫无诚意之辈，不可与之合作。不出他所料，此人一月之后由于诈骗罪而锒铛入狱。胡冰正确准确地判断出了对方的性格，才使公司避免了损失，我们不得不说这是一种非常智慧的表现。

很多人在自己的谈话之中都带有口头禅，这种口头上的语言是人们在日常生活当中逐渐形成的习惯，具有鲜明的个人特色。所以通过对它的了解和分析，就可以认清一个人的心理动向。一般来说，口头语出现频率极高的人，大多办事不够干练，缺乏坚强的意志。社会中常见的口头禅有如下几种：

1. **“果然”型**

一般来说，经常连续使用“果然”的人，多是自以为是的人，过于强调个人的主张，以自我为中心的倾向比较强烈。

2. **“其实”型**

一个经常使用“其实”的人，他的自我表现欲非常强烈，希望能引起周围人的注意。他们大多比较任性和倔强，并且多少还有点自负的心理。

3. **“最后怎么样怎么样”型**

一个经常使用“最后怎么样怎么样”之类词汇的人，他们大多是潜在欲望未能得到满足。这样的人有着强烈的征服欲。

4. **“这个……”型**

如果一个人经常使用“这个……”“那个……”“啊……”，那么他是一个说话办事都比较小心谨慎的人，在一般情况下不会招惹是非，属于老好人。

5. **“确实如此”型**

如果一个人经常使用“确实如此”，这个人一定浅薄无知，而自己却浑然不觉，同时还常常自以为是。

6. **“我……”型**

一个经常使用“我……”之类词汇的人，如果不是软弱无能想得到他人的帮助，就是一个虚荣浮夸的人，他们总是在寻找各种机会来强调自己，以引起他人的注意。

7. **“真的”型**

经常使用“真的”之类强调词汇的人，这样的人多缺乏自信心，惟恐自己所言之事的可信度不高，可恰恰这样，反而会起到欲盖弥彰的作用。

8. **“绝对”型**

谈话的时候经常使用“绝对”这个词语的人，这个人武断是显而易见的，他们如果不是太缺乏自知之明，那么就是自知之明太强烈了。

9. **“我早就知道了”型**

一个经常使用“我早就知道了”的人，有一种表现自己的强烈欲望，不管在什么地方都希望自己是主角，任凭自己的发挥。对周围的人而言，他们却缺少一定的耐性，一般来说很难做一个合格的听众。

10. **“说真的，老实说，不骗你”型**

爱说“说真的，老实说，不骗你”这种人有一种担心对方误解自己的心理，这样的人性格有些急躁，内心常有不平。

11. **“应该、必须、必定会”型**

爱说“应该、必须、必定会”的人自信心非常强，这样人显得非常理智，为人比较冷静，自认为能够将对方说服，令对方能够相信。另一方面，“应该”说得过多的时候，反映了这个人有“动摇”的心理，一般长期担任领导职务的人，易有此类口头语。

12. **“听说、据说、听人说”型**

喜欢说“听说、据说、听人说”之类的口头语的人，一般见识较广，但决断力却不够坚定，而且做事喜欢给自己留余地。一般很多处事圆滑的人，易用此类语。

13. **“可能是吧、大概是吧”型**

喜欢用“可能是吧、大概是吧”这种口头语的人，内心的自我防卫本能甚强，不会将内心的想法完全暴露给别人。这类口头语巧妙之处在于隐藏了自己的真心。这种人在处事待人方面非常冷静，所以，工作和人事关系都非常不错。这句话也有以退为进的含义。当事情一旦明朗，他们会这样说，“我早估计到这一点了。”一般从事政治的人多有这类口头语。

14. “但是，不过”型

喜欢用“但是，不过”的人比较任性，它显得委婉，没有断然的意味。

这种人在说话的时候，总是先说“但是”来为自己辩解，“但是”二字是为保护自己而使用的语言。这也反映了这个人性格比较温和委婉的特点。从事公共关系的人常有这类口头语，因为它的委婉意味，不致令人有冷落感。

15. “啊、呀、这个、那个、嗯”型

喜欢用“啊、呀、这个、那个、嗯”这类人经常是词汇比较少，或是思维比较慢，在说话时利用作为间歇的方法而形成的一种口头语的习惯。因此，喜欢用这种口头语人，一般反应较迟钝。

另外，还有一些经常使用流行词汇、外语、方言的人。经常使用流行词汇的人非常热衷于随大流，喜欢浮夸的一些事物，缺少一定的个人主见和独立性。这样的人到什么时候都是随波逐流的；经常使用外来语言和外语的人虚荣心比较强，非常爱卖弄和夸耀自己。他们一般对自己缺少信心；经常使用一些地方方言的，并且底气十足，理直气壮的人，其自信心会很强，一般会有非常独特的个性。

6. 通晓人情，以理服人

在办事的时候，懂得察言观色，就等于知风向而转动舵柄，这样就会世事通畅了。要想办事时事半功倍，那就必须懂人情、通人情。如果不通，也就等于没有人情。以情动人，就是一种将心比心、设身处地的情感体验态度。时时处处想着对方、理解对方，主动了解并想方设法解决他们的实际困难。从另一个角度讲，就是要己所不欲，勿施于人。以理服人，就是说话办事要言之有据、言之有理、言之有物，不讲套话、不说空话，更不能居高临下、强辞夺理。

事实上，在办事的时候，人的直觉比较容易受人蒙蔽，懂得如何推理和判断才是察言观色所追求的顶级技艺。比方说，别人伤心的时候，他居然无动于衷；别人遇上困难的时候，他不能帮人排忧解难，甚至连顺水人情都不肯做，那就是不通人情。这样的人也不会得到别人的同情和帮助。那么，他做起事来就会更加吃力，反而会达到事倍功半的效果。

1936 年，时任中央革命军事委员会副主席的周恩来率中共代表团在西安事变后到达西安。“杀蒋”的呼声一浪高过一浪，而我们党提出的不杀蒋、和平解决西安事变的主张很多东北军军人不理解，有的还扬言要闹事。

一天上午，周恩来刚回到寓所，一位操着浓重的东北口音的年轻军官闯进来，生硬地说：“我受王曲军官训练团全体军人委托，敬请您去赴会。”周恩来微笑地接过请帖，答应了其请求。

大家都知道王曲军官训练团尽是些血气方刚的青年，鲁莽得很，什么事都干得出来，去那里太危险。因此，很多人对这件事特别着急，还有人劝周副主席不要去。周副主席微微一笑：“同志们不要担心，我没事的，我是去说服他们，不是和他们去吵架的。”

当周副主席单身一人到王曲军官学校时，只见从学校门口到礼堂间的大道旁，挤满了全副武装的军官，一个个怒气冲冲，摆出一副吵架寻事的架势，周副主席则从容自若地穿过两旁站满愤怒的军官的通道，面带微笑，丝毫不介意。周恩来登上礼堂讲台，先礼貌地向各位军官表示问候，然后随和地说：“我今天来贵校，是想要听听诸位的意见的，希望大家不要拘束，畅所欲言。天下兴亡，匹夫有责，何况我们是爱国军人”

台下立刻有人问：“蒋介石丧权辱国，罪大恶极，为什么不杀他?”“不杀蒋介石，为什么又要捉他?”“不杀蒋介石，后患无穷!”

等反抗的声音渐渐停止的时候，周恩来才大声说：“要杀，这有什么困难？一句话就行了。”

全场的人都因这出乎意料的回答怔住了。紧接着，周恩来给他们简要分析了西安事变以后国内外的政治、军事形势，接着就谈为什么不主张杀蒋的问题，周恩来说：“在这种形势下，是杀好呢，还是不杀好呢？这要看杀他划算不划算，用你们东北的话说叫做够搂不够搂。够搂我们当然要杀，假如不够搂的话我们杀他干啥呢？比如我们今天杀蒋介石，就会冒出一个何介石、李介石。而这个何介石呀，他一上台就会公开地与日本人勾结在一起，来攻打西安，内战就会继续，中国就会灭亡。但若不杀呢，蒋介石在我们手里，我们就可以逼他抗日。前一回何应钦不是派飞机轰炸西安么？我们逼蒋介石写个条子，这几天不是很安宁吗？看来蒋介石多少还有点用处，所以杀他不如不杀的够搂!”

那位邀请周副主席的青年军官问道：“你们共产党一向是主张反蒋抗日的现在为什么又变了?”

“你的意思是说我们和蒋介石打了10年仗，势不两立，现在为什么不趁机报仇杀了他是吗?”周副主席温和地说。

那位军官回答说：“对，是这个意思。”

周副主席用深沉的语调说：“我们红军有位将军叫徐海东。他全家360多人，除了他，360多人叫蒋介石杀害了，很惨哪!这个仇够大吧，可这次他还是主张不杀蒋介石，为什么呢？因为他是共产党员，对共产党人来说，民族和国家的利益高于一切。”

这时全场的军人都感动了，随后爆发出一阵热烈的经久不息的掌声。

周副主席的话之所以能说服那些义愤填膺的军人，以理服人是关键的一点，每个人都会为了自己的利益而精心核计。周周副主席正是抓住了这一点来打动大家的心的。

村民张克的母亲进城卖水果，不小心被大货车撞成了重伤，经抢救无效死亡。

张克的父亲悲痛欲绝，乡民们无不洒下同情的眼泪，无不对司机严厉指责。张克更是悲愤交加，一怒之下从家里拿把菜刀，要杀司机为父报仇。没人敢拦张克，司机也吓得直打哆嗦。就在这要出人命的紧急关头，民调员赶来了，只见他往张小秋面前一横，威严地喝了一声。

“有理说理，不准动手！把刀放下！”

张克不依，还往前扑，并声称：“杀了他，我也不活了！”

民调员厉声喝道：

“你妈刚死，你也不活了！你死了，剩下你爹谁来养活？再说，你忍心叫你老婆年轻轻的守寡？孩子没爹啊！”他一边说着话，一边上去一把抓住张克的手腕。

民调员的话声色俱厉，直说得张克猛一愣怔，菜刀当啷一声落了地，抱头大哭起来。

调解员的话也是要张克权衡利弊。张克在这样钻心的说服下，不得不放下了菜刀，一场即将发生的人命案就这样平息了。

可见，不管你是一个什么身份的人，都不能以个人之好恶定度处事，而要根据事情的情理，这样才能博得人们的信服。就是说要人们通晓人情，学会将心比心、换位思考，遇事要仔细揣摩对方的心思，设身处地的为他人着想，通过沟通说服他人，使其感到来自对方的真诚，并迎以同样真诚的回馈，以达到人们之间的和谐。

俗话说瞎子点灯——白费蜡，如果能通晓人情，懂得换位思考，那么看待问题、处理事情、解决矛盾，就会多一些理解、多一些智慧、多一些方法，从而做起事来更顺手。其实，在现实生活中，需要人们换位思考的问题比比皆是，比如，顾客与服务员、司机与交警、家长与老师、老师与学生、学生与家长、批评者与被批评者、上级与下级、干部与群众等等。

7. 求人办事要看人下菜碟

求人办事的时候，要先明白对方属于哪种类型的人，这样在求助的过程中就会更容易些。每个人的脾气禀性不同，他们接受的说话方式和行为也会不一样。要想求人办事成功，就要多收集对方的信息，对症下药，再运用相关的技巧

在求助于对方之前，你手里可能会有对方的好多信息，这就要求你仔细甄别，做到有效的利用它了。一旦利用错误，就会造成反效果。在认清自己的行动目标后，就要主动出击。在整个过程中，要随时观察对方的反应。特别是最后阶段，要和开始的时候一样不得有丝毫的疏忽，顺着对方的心理走下去，直到对方心悦诚服，答应携手合作。

除了这些基本的之外，还要懂得技巧的恰当运用。要想达到求人的目的，就必须有一套针对对方的独特手段，特别是言谈举止方面，并把这些东西灵活自如的运用。

在我们求人办事的时候，经常会遇到下面的六种人，我们要分门别类的认真专研其特性，以备我们之用。

1. 不爱说话、沉静的人

求这样沉默寡言的人办事，是非常吃力的一件事。你很难知道他在想什么，他的真实意图是什么。你甚至很难判断自己是否被认可。

一位企业老总，总喜欢发呆，自己沉思。不管你和他说什么，他总是不语，你恨不得让他撬开他嘴巴让他说话。即使你告诉他你即将完成一份很大的业绩，需要他的配合时。他也只会淡然地说：“哦，知道了。”然后就很难有下文了。

对于这样的人，你在求他办事的时候，你最好采取直来直去的方式，千万不要委婉。要让他明白这件事这样做是“行”或“不行”，他是否认同你的观点。你可以把所有可能的解决方法放在他面前，直接对他说：“对于 A 和 B 两种办法，你认为哪种较好？是不是 A 方法好些呢？”迫使他做出选择性回答。

2. 高傲、自以为是的人

这样的人总会目中无人、傲慢无礼，一副舍我无他的样子，让人看了就生气，就不想接近他。当你不得不求他的时候，你会如何是好呢？

对付这种类型的人，最好不要跟他啰嗦，多说必无益。在他面前，你说话做事都要言简意赅，直攻其要害。还要多谨慎小心，不要掉进他设的圈套中。这样的人很难看到他的诚意，最好在不得罪对方的情况下，简短扼要的说明你的意图。还要用你的行动告诉他，你真的需要他的帮助。

这样的人多是为了保卫自己才披这样的外衣的，我们可以抱着同情他的态度接近他，可以对他的傲慢无礼置之不理。在攻克他心理弱处的同时，从其他的小细节中袭击他，让他措手不及。

3. 深藏不露的人

这样的人一般都不肯让人了解他的内心深处，他的想法和表象往往是不一致的。经常会“顾左右而言他”，自我防范心理极强。把什么都深藏在内心深处。求这样的人办事，往往会让人无所适从。

你可以把预先准备好的一切东西都暴露在他的面前，牵引着他在你的思维下暴露他的真实意图，这样就很容易引出他的观点、态度，可以帮助你做出正确的决断。

或许，他在这个过程中也爱故意装傻，或者故意言不及义地闪烁其词。但你若细心，你会很快地发现事情的本质所在，这样就可以间接地让你把事情办成了。

4. 做事从来不考虑别人的人

这样不考虑别人、自私自利的人并不是特别的多，但在生活中总会遇到几个。在所有的事情上，这些人总是把自己的利益摆在前头，别人的利益总不去关心。

有一位李先生，经常手不离计算器，这说明他始终在计算着自己的利益。他所坚持的，一定是自己的利益；至于其他事情，他不会在意如何做好它，只会考虑怎样做才最省事。这种悭吝之徒谁都不会对他产生好感。

当你有求于他的时候，也要极力按捺住自己的憎恨之情，投其所好，多强调对方的利益，让他在办事的情况下分享到好处，那么他就会对你特别的满意，这样你办事的目的就达到了。

5. 喜怒不形于色的人

这样的人在脸部不容易呈现自己的表情，你在求他办事的时候，他们的表情不是呆板就是深沉要特别注意他的眼睛。眼睛是会说话的，通过“灵魂之窗”，你可以明白对方的心思。

你可以多多注意他的反应，留意他的眼神，这样就可以揣摩出他的态度。不要被他的表情吓到，要从容不迫。

6. 慢性子的人

求助于行动比较缓慢的人，最是需要耐心。

求人时，可能也会经常碰到这种人，此时你绝对不能着急，因为他的步调总是无法跟上你的进度，换句话说，他是很难达到你的预定计划的。

所以，你最好按捺住性子，拿出耐心，尽可能配合他的情况去做。

7. 死板的人

这种类型的人，就算你很客气地和他打招呼、寒暄，他也不会做出你所预期的反应来。他通常不会注意你在说些什么，甚至你会怀疑他听进去没有。

求这种人办事，刚开始多多少少会感觉不安，但这实在也是没办法的事。

遇到这样情况，你就要花些时间，仔细观察、注意他的一举一动，从他的言行中，寻找出他所真正关心的事来。你可以随便和他闲聊，只要能够使他回答或产生一些反应，那么事情也就好办了。接下来，你要好好利用此一话题，让他充分表达自己的意见。每一个人都有令他感兴趣、关心的事，只要你稍一触及，他就会开始滔滔不绝地说下去，此乃人之常情，所以在求人办事时你必须好好掌握并利用这种人性心理。

8. 急性子的人

这种类型的人，乍看好像反应很快，他常常在交谈进行到最高潮时，忽然做出决断，给人“迅雷不及掩耳”的感觉。由于这种人多半是性子太急了，因此，有的时候为了表现自己的“果断”，决定就会显得随便而草率。

像这样的人，经常会“错误地领会别人的意图”，也就是说，由于他的“反应”太快，每每会对事物产生错觉和误解。其特征是：没有耐心听完别人的谈话，往往“断章取义”，自以为是地做出决断。如此，虽使交涉进行较快，但草率做出的决定，多半会留下后遗症，招致意料不到的枝节发生。

从事交涉，总是要按部就班地来，倘若你遇到上述这种人，最好把谈话分成若干段，说完一段之后，马上征求他的同意，没问题了再继续进行下去，总之你要瞻前还要顾后，如此才不致发生错误，也可免除不必要的麻烦。

9. 顽固的人

顽强固执的人是最难应付的，因为无论你说什么，他都听不进去，只知坚持自己的意见，死硬到底。求这种顽固的人办事，是最累人且又浪费时间的，结果往往徒劳无功。因此，在你和他交涉的时候，千万要记住“适可而止”，否则，谈得越多、越久，心里越不痛快。

求人办事更重视办事的主体——人，凡是办事有心计的人都懂得见什么人说什么话，进什么庙念什么经，求什么人用什么手段，这也是求人成功的心计之一。

8. 根据对方的眼神决定你的行事方式

眼睛是人脸部的主要表情之一，它与一个人的思想感情是有着密切不可分割的关系的。正如爱默生所说：“人的眼睛和舌头所说的话一样多，不需要字典，却能从眼睛的语言中了解整个世界。”眼神是你获得对方内心想法的途径，心之所想，透过眼神就能表达出个大概，这是每个人都隐瞒不了的事实。所以，眼神正其人大致正直，眼神邪其人大致奸邪。这样，你就可以在某种程度上对他有一个大致的了解和认识。会办事的人，多能根据对方的眼神来决定自己的行事方式。

孟子在《离娄上篇》中有一段用眼神判断人心善恶的论述：“存乎人者，莫良于眸子。眸子不能掩其恶：胸中正，则眸子瞭；胸中不正，则眸子眊焉。”眼睛是人类五官中最敏锐的器官，它的感觉领域几乎涵盖了所有感觉的70%以上。如果对方流露友善的眼神，你就试着让事情朝有利于自己的方向发展了；相反，如果对方流露出出凶恶的眼神，你就要考虑躲避了。

有一次，被曹操派去刺杀刘备的刺客，见到刘备的时候，并没有立即下手，而是与刘备讨论有关削弱魏国的策略。结果发现，他们的见解如出一辙。不久之后，刺客看到了进来的诸葛亮，就托辞上厕所，来掩饰自己的心虚。

刘备便告诉诸葛亮那位奇士可以帮助攻打曹操的势力。诸葛亮却慢慢地叹道：“此人见我一到，神情畏惧，视线低而时时露忤逆之意，奸邪之形完全泄漏出来，他一定是个刺客。”

等刘备派人追出去的时候，刺客已经跳墙逃去了。可见，瞬息之间，透过眼神的变化，看出一个人的目的和动机，固然需要先天的智慧，但更多的是靠后天的努力，在环境中磨炼和培养出来这种智慧。诸葛亮能够看透此人，主要是从他的眼神闪烁不定中发现破绽的。而生活中，常有那些仪表不俗，举止轩昂之辈，想一眼识破他的行径，可能就比较困难了。

人的内心隐秘，心中的冲突，总是会不自觉地通过变化的眼神流露出来。眼神清澈的人，通常表示此人清纯、澄明、无杂念、端正、开明。眼神浑浊的人，往往昭示此人昏沉、驳杂、粗鲁、庸俗和鄙陋。一般情况下，人们很难彻底隐瞒内心的想法，即使有人摆出一副无表情的脸孔，但刻意的做作并不能维持长久。

建立了新朝的王莽可谓是一个极其难得的人才。但是，这个人在历史上的名声并不太好。

新升任司空的彭宣看到王莽之后，便从眼神上了解了一个大概。王莽虽然“神清而朗”，人聪明俊逸，不会是一般的人。但其眼神有邪狭之色，说明为人不正，心中藏着奸诈意图。

彭宣私下对大儿子说：“王莽神清而朗，气很足，但是眼神中带有邪狭的味道，专权后可能要坏事。我又不肯附庸他，这官不做也罢。”于是上书，称自己“昏乱遗忘，乞骸骨归乡里”。王莽可能也感觉到了彭宣看出一些什么，但抓不到把柄，恨恨地同意了他的辞官，却又不肯赏赐养老金。

泰戈尔说得好：“任何人一旦学会了眼睛的语言，表情的变化将是无穷无尽的。”一个人的眼睛往往是他灵魂的忠实解释者，而这种解释通常是无意的。眼神是察言观色的一个主要的方法，“眼睛是心灵的窗户”，一般人的喜、怒、哀、乐都会通过眼睛来表现出来。学会观察眼睛，对自己灵活做人是大有裨益的。下面是几种我们常见的眼神表现：（1）当一个人的眼神流露出友好而且坦诚，间或地还会眨眨眼睛时，说明他对这个人的印象比较好，他很喜欢这一个人，即使他犯了一些小错误，也可以给予宽容和谅解。

（2）当一个人用两只眼睛长时间地盯着另外一个人时，绝大多数情况都是期待着对方给予自己一个想要的答复。这个答复的内容是多种多样的，可能是一项计划的起草，可能是一份感情的承诺，不一而定。

（3）当一个人用眼光从上到下或是从下到上不住地打量另外一个人时，表示了对他人的轻蔑和审视。而且这个人有良好的自我优越感觉，不过有些清高自傲，喜欢支配别人。

（4）当一个人有一种不情愿，甚至是愤怒轻蔑的眼神，则表示对另外一个人的拒绝。

（5）当一个人没有用语言表达出来，而是用一种带有幸福、欣慰、欣赏等感情交织在一起的眼光不住地打量对方时，说明他对另外一个人产生了好感。

（6）当一个人用非常锐利的目光，冷峻地表情审视一个人的时候，有一种警告的意思。

（7）在谈话的时候，如果有一方眼光不断地转移到别处，这说明他对所谈的话题并不是十分感兴趣，另一方意识到这一种情况以后，应该想办法改善这种局面。

（8）在谈话中，一方的眼神由灰暗或是比较平淡的状态，突然变得明亮起来，表示所谈的话题是切合他心意的，引起了他极大的兴趣，这是使谈话顺利进行的最好条件和保证。

（9）在两个人的谈话中，一个人在说话时，既不抬头，也不看另外一个人，只顾说自己的，这很大程度上表示了对另外一个人的轻视。

9、行事之前，先从别人话语中摸透心思

看人的规律往往来自于诸多细节小事，所以看人要做到眼快心细。在一些被人忽视的小节中，仔细推断，细细揣摩，也能将他人的心思猜出个一二来。

人心藏于胸腹，不易为他人所理解，但是，人的心思却可由显现于外的表情、动作、言谈等流露出来。即使是极端型的面无表情者，其心理状态也无法完全不表现在其举止之间。下面将为您介绍几项饶有趣味，初见面时可以识透对方心理的有效技巧。

1. 反问对方以确认其意图

成功的政治家惯常使用模棱两可的回答。

如果你遇上说话语意不明者，而他又避免作明确的结论时，在他提出强调单方结论后，应即反问他对另一方的理论有何看法。

2. 坚持讲完你的话

如果与人见面时，对方表现出闻一知十的态度，你在心里须先设戒心。因为对方对你的个性、情绪毫无所知，却表现出闻一知十的样子，其意义大多表示不想倾听你的谈话而拒绝的姿态。只是对方似乎碍于礼仪或情面，不好直接表明。但是，如果话才说出，对方即频频点头表示了解，

您不可缄默其口，而要坚持地说完您的话，让对方“更加了解”。

3. **内心不安的表征**

通常，见面双方都持着该有的礼仪待人，若是对方态度异常的冷淡无礼，正说明了他的内心隐藏着不安，为了掩饰其弱点，便采用这种扰乱战术。你可不要被对方的假面具所吓退，此时以冷静的态度应付，才是上上之策。

4. **无表情的表情**

面无表情的表情，正是其内心无言的表达。当人类强烈的欲望无法得到满足，或心底充满敌意与不欲为人知的情感，不敢直接表露而努力压抑时，就会变得面无表情。所以，无表情并非内心毫无所感，而是波涛暗涌，畏于表现出来。在他们没有表情的面孔下，实则深藏着不为人知的想法。

5. **突然多话时**

人变得多话时，并非只是在他想表达自我时，相反地，想打断或想结束某话题时也是如此。所以当对方突然高谈阔论起来时，仔细想想是否提到他不愿触及的问题呢？话多并不表示能言善道，只不过是掩藏自己的烟幕罢了。

6. **特别亲切时**

面对对方亲切无比的应付态度，若是认为自己交际成功而沾沾自喜，那真是大错特错。对方过度亲切时，必须怀疑对方是否为了掩饰内心的不安才如此呢？此时，你应该若无其事地转变话题，以探知对方的真意。

7. **一根烟**

香烟乃是对方不露痕迹地表示对己方的意思的一种信号。因此，若是推拒了你所递过来的香烟，而取出自己的香烟来抽的话，会被认为是不接受你的一种拒绝态度。

8. **将手插入裤袋中**

手插入裤袋中，多半是在紧张之余，无意识地把手放入裤袋中的。

不论何人，为了要解除内心的紧张，大都会做出解除肉体紧张的动作。他将手插入裤袋中，也只不过是要借着触摸自己身体中易于接触的位置，来提高与自己的亲密性，进而消除紧张。初次会面的对象，即使他做出违反礼仪的动作，责难他也并非上策。接受对方的那些信号，并使其紧张得以缓和，这才是要引出对方真心话的一个前提。

9. **压力谈话**

以了解对方的人品及思想为目的的面谈中，为了要能在有限的时间内尽可能地了解他，就有各种深层的方法被使用着，其中有一种被称为压力面谈的方法，这是一种向面谈者一一提出令他不快的问题，或是将对方置于孤立状态而迫使他做二者择一的决断的方法。总而言之，就是“虐待对方”，将之赶入危机的状况中而视其反应的方法。

10. **提出以“是”、“不是”不能回答完全的问题**

对于人际交往，特别是要探知对方的真意时，不论有关任何一方面，都有必要让对方说出更多的话语，因此，这一方法应是一个有效的助力。

11. **把话题岔开**

对方将话题岔开，大致上有三种情形。其一是因为完全不留神而岔开了，其二为突然产生出乎意料的联想而岔开，另一种则是故意将话题引到别处的情形。这些情形都表明说话者目前的兴趣和精力已转向岔开了的话题上。因此，对于对方的谈话不要在中途截断，让他继续一段时间。如果是第一种情形的话，不久之后对方对于究竟何者才是正题也感到非常诧异。第二种情形中，因为本人并没有忘记本题，所以能自然地了解到其联想与本题的关系。而如果在隔一段时间之后仍然不能回到本题的话，就可以判断为第三种情形。依此种方法可以了解到，乍看之下是很浪费时间精力的“离题谈话”，也是可以成为读出对方心理的一个绝好机会。

12. **话家常**

完全脱离目的的闲谈，就如同看似没有目的的进攻，提供了看清对方本意的线索。如果对方加入了闲谈中，则可视为接受己方态度的表现。假设对方并不参与闲谈，那么对于己方所引出的闲谈，对方应该表示出一些反应。视其反应，己方就可以决定是进是退、或是再进一步试试看等，以改变自己的战术。

13. **研究初次见面者的过去**

为了拉近与初次见面的对象之间的距离，将话题指向有关对方的过去或出生故乡等，这也是可以的，但那并不一定都是对方所愿触及的往事。有时，这些事是他心灵上的创痕，在那种情形下，对方也会将深藏于自己内心的不快和忧虑表现在表情或实际行动的细微之处。因此，一边谈话也要一边注意这些信号。

14. **夸奖时**

夸奖的言词、恭维话，并不都是单纯可喜的。一被别人称赞就立刻上当的，会被认为是太简单，太幼稚。然而，若是露骨地表示出猜疑心并冷冷地应对，这也会破坏交际的气氛。因此，最顺当的方法是先谦虚一番，然后继续保持着探索对方真意何在的姿态。由此就能够找出对方隐藏于赞赏言词内部的观察之心，并且判断出他是否对你怀有敌意或某种企图。

10、抽烟的习惯与人的性格

有研究表明，一个人抽烟的习惯和熄灭烟头的动作也能从某方面反映出一个人的性格，尤其是在工作上的某些特点。

首先，我们来看一下抽烟的习惯所流露出来的人的几种性格。

对烟灰长度毫不在意的人，有时候是在思考问题，他们往往在开会中或工作中出现这种情况，表明工作状态投入；但如果平常都是这样的抽法，多半是没有自信的人。

抿着下唇抽烟的人，性格比较稳定，而且适应性比较强，在生活中不会引人注目。处事虽非轰轰烈烈却很少失败，能中规中矩地完成工作，并最后获得成功。此类人进公司一两年内，很少有发挥自我才能的机会，时间越长，就越受重视。但他们工作主动性不强。

喜欢略扬起头，并用嘴角抽烟的人。他们非常又自信，对工作胸有成竹，可能成为某项专业的专家。但是，处事过于自信又自视过高，通常性格孤僻，但面对问题具有突破难关的冲劲，将来前途无量。

嘴上叼着烟工作的人，这种人一般都很忙，并且对自己的工作很有把握。但如果自己的能力没有受到旁人的认可，他们会强烈反抗或意志消沉。做事比较情绪化，容易走极端。

从鼻孔或嘴角两端吐烟的人。对工作的热情起伏不定。喜好能一决胜负的事物，但做任何事都无法顺遂己意，常因欲求不满而烦恼。

啃咬烟嘴的人，这种人被称为自虐型的人，当单位发生问题后，很容易把一切责任归罪在自己身上。虽然有一定办事能力却操之过急，阻碍了个人的发展。

把烟抽到很短才扔的人，这种人意志坚强，城府极深，好处心积虑、猜疑心强，极少暴露内心的真实想法。不过，由于从思考到实践有一段颇长的距离因而常错失良机。

急速吸烟的人，这种人性格急躁，易怒，是非观念强，爱憎分明。喜欢尝试各式各样的工作，一般同时对两个以上的工作感兴趣，但做事缺乏耐心。

抽烟时伸直拇指顶住下巴的人，这种人有很强的毅力，具有强烈的阳刚气，不认输。对挑战性的工作报有极大的热情，属于高级管理人员。

根据法国动作心理研究家贝尔杰先生的研究，熄灭香烟的方式会也能反映一个人的心理状态。接下来，我们看一看用不同熄灭烟头的方法的人各自有哪些性格特征。

轻轻熄灭的人，为人谨慎，注意对方的言行举止，对人态度也温和。缺点是不能完全表达自己的意见，有时会显得优柔寡断，但具有领导能力，是一个合格的领导。

把未熄灭的烟头丢在烟灰缸里的人，多半性格懒散，做事容易半途而废，不能很好地完成他人所托付的事；不会管理自己的资产，对金钱也毫无概念。这种人在情感的表达上直来直去，但却收不到很好的效果。

按压烟头熄灭的人体力充沛，但由于无法适当处理欲望感到焦虑。在工作上，他们对工作要求很严格，尤其讨厌半途而废，通常受到上司的信赖。

第十一章　办事靠人情靠策略，更重要的是靠实力

虽然办事要讲人情和策略，但更重要的还是要靠自己的实力。这种实力体现在财力、人力和智力三方面。根据互利双赢的原则，你的实力越强，赢得的帮助就会越多，办事也就更容易。可以说，提升自己的实力，就是增强办事的能力。

1. 这个世界不相信眼泪，只相信实力

古人云："胜人者力，自胜者强。"这个世界不相信眼泪，只相信实力。每一个人活在这个世上，都应该有自己的定位，然后锻造实现这个位置的实力。聪明的人知道，朋友可以帮你一时，但不能帮你一辈子；要想真正做到事事顺畅，有优秀的实力才是最大的筹码。

在办事的时候，有实力的人敢于承担责任，勇于独当一面，有战胜一

切艰难险阻的决心。这样也往往有机会心想事成，做出大事。

董明珠，格力总裁兼副董事长。对手们这样形容她的厉害："董姐走过的路，都长不出草来。"

董明珠在1990年进入格力时，竟连营销是何物都不知道。但她凭借坚毅和"难缠"，连续40天追讨前任留下的42万元债款，令当时的格力电器总经理朱江洪刮目相看。随后，她被调往几乎没有一丝市场裂缝的南京。隆冬季节，她神话般签下了一张200万元的空调单子。一年内，她的销售额上蹿至3650万元。

家电行业盛行一种"渠道为王"的说法。许多家电企业甚至成为连锁渠道和大卖场的附庸。然而，2004年4月，格力叫板家电销售巨头，撤出自己的产品，发展自己的专卖店。当时，行业普遍认为格力"吃了豹子胆了"、"必死无疑"。

然而，几年的实践证明，格力不但没死，相反"活得更好"，销售额保持了30%以上的强劲增速！而带头叫板家电销售巨头、创新营销模式的就是被誉为家电业"铿锵玫瑰"的格力电器总裁董明珠。

"我从来不认为一些连锁巨头是什么家电大鳄。大鳄是要吃人的，是不能与他人共生存的，这也与构建和谐社会的要求相违背。流通企业应当履行其在流通领域的责任，更好地体现迎接上游制造业和下游消费者终端的服务功能。疯狂地促销只能让厂家陷入'价格战'，而厂家只能通过偷工减料敷衍消费者。格力从不参与'价格战'，却从当初2万台的年销量发展到2006年1300万台的销量、230亿元的销售额。这就证明，企业只要本着对消费者负责的态度，融入创新精神，就会越走越好。"董明珠说。

董明珠对责任有着深刻的领悟。办事扎实、坚毅执著。针对空调季节性非常强的特点，董明珠首创了“淡季贴息返利”的模式，平衡了淡旺季的产销。此后，她又创新地提出了“区域性销售公司”模式，统一渠道、统一网络、统一市场，保护广大二三级经销商和消费者的利益……

自1994年底出任经营部部长以来，董明珠领导的格力电器连续11年空调产销量、销售收入、市场占有率均居全国首位。在长期的市场实践中，董明珠摸索出一整套独特的经营方式，销售模式连年创新，被空调界同行及新闻媒体誉为“格力模式”，其独创性的区域销售公司模式还被经济界、理论界誉为“二十一世纪经济领域的全新革命”，并被评为“广东省企业管理现代化优秀成果”。

董明珠的成功，不是靠外貌、手段，而是靠实力，靠她对信仰的坚持，对梦想的追求，在于她那追求“立功”的人生目标。在她身上，单纯的信念靠疯狂的热情去实现，任何现实似乎都不能阻碍她。“我做的一切事，都是为了证明自己的能力。我想我们如果能像日本、韩国一样，每个人都在岗位上忘我工作，认真去为一种民族的精神努力，国家就会富强。”她做到了，她的成就有目共睹，我们是不是也该反思一下自己呢?

有实力才能不卑不亢、充满自信，这是办事的前提。先相信自己，别人才会相信你，才会尊重你，才愿意与你合作。相反，在办事的时候，底气不足就会办不成大事、难事，恐怕连小事也很难办好。还会引起别人的反感，不愿意与你合作，也不会有贵人提携你。

眼泪只能说明我们的脆弱，社会的无情恰恰淹没了别人同情的可能。既然知道求人的时候的那份卑微，我们就要存储自己的实力。在前方的道路把自己的潜力挖掘到无限大，用自己优秀的光芒吸引对方。这个世界的规则永远是：贵人喜欢帮助优秀的人、有实力的人。

2. 如果你很优秀，就会有更多优秀的人为你办事

人脉的最高境界就是在共事时互利，人们主动结交的大多是有利用价值之人。要使自己成为人人都想结识的人，想赢得别人的帮助，或者得到别人的器重，最有效的方法就是增强自己的“可利用”价值。

在事业中勇于追求奋斗的人，自己也会慢慢变成绩优股。当然，在这个过程中，会结识了许多优秀人才，这样的人在关键的时刻会助自己一臂之力，让自己变得更加优秀。这样优秀人脉的叠加，会让自己在办事的时候，给自己意象到的支持与帮助。

> 张蓝雪为能直接为奥运会做贡献，吃了很多苦的。在 BOB（北京奥林匹克转播公司）参加了培训。白天去参加培训，晚上回来再抄同学的课堂笔记。由于压力太大，睡眠太少，她脸上很快长满了痘痘。她的勤奋终于换得了肯定，在众多的竞争对手中脱颖而出，最终被 BOB 录用。也因此，有机会结识了许多国内外的优秀人才。
>
> 张蓝雪毕业后准备在北京找个单位实习。大家对此都没抱有希望，一个刚毕业的小女孩想在一个人才济济的大都市找到一份特别好的工作是不太现实的事情。没想到，几天后一个业绩列全球前十名的著名广告公司要录用她，原来是一个她在奥运会上认识的校友向这家公司推荐了她。。没过几天，凤凰卫视的一个工作人员打电话让她去电视台实习。这个工作人员也是奥运会认识的。

张蓝雪足够优秀，才有机会认识更多优秀的人，才能得到别人的及时

帮助。当然，像张蓝雪这样的人，一旦优秀的人给予她帮助，她就会很快地凭着自己的优秀飞黄腾达起来。可见，要想在办事的时候，让优秀的人帮助你，你就要有别人乐意帮助你的资本。

以工作为例，有些人在职场上会因得不到老板的庇护而郁闷不已，觉得老板不给自己机会，不器重自己。有的甚至在公司多年后得到老板的解雇通知。其实，这哪能怪老板呢？明明是自己不够努力，不够优秀，没有利用价值，才会永远陷入这样恶性循环。如果你特别优秀，能为公司营造很多的利润，老板会解雇你吗？

其实，人脉就像一个网，每个人都是网上的一个节点，有的节点非常脆弱，不能更好地连接更多的人。而有的节点则在整张网中都起着非常关键的作用，它连接起了越来越多的人，这些点被我们称之为关键节点。

毫无疑问，这些成为关键结点周围的人脉是丰富的，要想使自己成为这张大网中的关键点，那就努力提升自己的能力吧！让自己变成别人眼中资源无限的“绩优股”，这样的人，办起事来才会得心应手。

3. 做不到“公平交换”，“关系”就会慢慢“无疾而终”

在办事的时候，如果做不到公平交换，关系就会慢慢无疾而终。将心比心，如果你只想着索取，就没有人愿意再和你打交道。要想顺利地办成事，就要先满足对方的需求。人们在办事的心理就是：你对我好，我自然会投桃报李；你做不到公平，我们就说再见。

不公平的交换，等同于“抢”，没有人喜欢“被抢”。试想一下，如果你不能做到公平，为某些利益争执。争来争去，也多不出几分，最后还会伤了感情，对方也会躲避着你。倒不如相互退让三分，别人自然也会对你礼遇。

一位客户走进张良所在的办公室，问谁愿意帮他一个忙，大概需要一个多小时的时间。当时，已经到了下班的时间，大家刚刚约好一起去看球赛的，所以，都忙着收拾东西，一时没有人应声。

张良站起来表示愿意留下来帮助他，做完工作后，客户问张良应该付他多少钱。张良说："只是帮忙而已，钱的事情不需要谈的。"客户硬要塞给他300元，张良推辞了。

后来，张良因故离开公司，到那位客户的公司求职，那位客户便聘用了张良到他的公司工作，薪水比以前高出2000多元。

常言道：有付出才有回报，这是任何人都明白的道理，同样，想让对方为你办事，就要先付出。这样，他才能全心全意地帮你。就人的心理而言，每个人都希望自己的付出会有相应的回报，而且付出的越多，回报的期望值也就越高。当然，这种付出和回报既可以是物质上的，也可以是精神上的。如果付出了而没有得到回报的话，至少人的心理是会失衡的。这种情况下，也就不会再为你付出了。当然，那些机关算尽的人，就是因为太自私了，只考虑自己，最后难免会一无所有。

会办事的人都懂得换位思考，你为对方着想，对方才会为你着想。关系是在感情的基础上发生的，而感情往往是讲究礼尚往来的，讲究的是双向交流，这样才能双赢。因此，在求人办事前，我们应该先在心里想一想，自己拥有什么东西是别人缺少或者需要的？别人拥有的什么东西又是自己缺少或者需要的？如果能做到这样，那么办事效果必定是皆大欢喜。

会办事的人会让自己手中的关系网发挥到最大，并试图随时随地都可能要回避"不公平交换"的企图。他们知道不给他人制造麻烦，而为自己储蓄求人办事的砝码。

一位著名大学的教授，在一个国际会议上，认识了一所国外著名学校的一个博士生。虽然当时他比那个博士生地位高得多，博士生在这种会议上只是小角色，但他没有轻视对方，反而很欣赏其好学的劲头和那些略显幼稚的观点中流露出的智慧，很高兴地和对方交谈。

后来这位教授还花费不少钱和关系为这位博士联系实习的地方。这名博士生毕业之后发展很快，没几年就成为某个著名实验室的负责人之一，后来他到中国找合作伙伴时，就直接找到了曾经帮助过他的教授，合作在该高校成立了一个规模很大的研究中心。

求人与被人求，是一笔人情债，虽然不好算清，但必定是相互依存的。这不是唯利是图，而是投桃报李的效应，你帮我，我帮你，如果没有彼此的需要，那么两个人的关系不会维护太久。两个人的关系从来都是建立在互相的付出的基础上，而不只是单方面的付出。

4. 不要让自己沦为“索取者”

常言道：“事多故人离。”那些不优秀的人往往并不知道这样貌似简单的道理。他们甚至没有意识到自己的状况只能使得自己扮演“索取者”的角色，进而把自己的每一次“交换”都变成“不公平交换”，最终更可能使交换落空。因为谁都不喜欢“不公平交换”。

试想，如果你每次交换都会落空，那么，造成的进一步损失便是自己的，这样会让自己拥有的资源不是数量减少，就是质量下降，进一步使自己陷入恶性循环。

王兰是某供电局新上任的女主任，她为一个亲戚到人事局跑工作调动，本来双方单位已经同意，只等人事局办个手续就成了，然而她跑了几次人事局，都没有什么结果，人事局方面老是推托，说办事哪有这么快的，要等一等再说。举手之劳的事却在人事局停了下来，这让她百思不得其解。

有一次王兰又一次跑到人事局，时值暑夏，炎热无比，但人事局的办公室里既没开空调，也没有吹电风扇，坐在办公室里的人衣服都能拧出水来。闷热让每个人心情都很烦躁，人事局的人一见王兰，就面露难办之色。

王兰在人事局办公室只待了几分钟，就热汗淋淋，以前她没有在意，这次她才恍然大悟，原来因为供电紧张，为了保证工厂正常生产，就将城里的一些单位停了电。所以人事局的空调和电风扇都转不起来。人事局的人知道王兰是供电局的，她要送电给人事局，也是举手之劳的事，只是王兰没有想到这一层，人事局的人也不便说，所以就拖着她所求的事不办。

王兰明白过来以后，赶紧回到供电局，跟局长们说明了人事局的情况后，马上就给人事局等相关单位送了电。几天后，她再去人事局办事时，那些人笑脸相迎，痛痛快快就将她所求之事给办了。

事实上，只有肯于付出，才能得到意外的收获。而把自己沦为“索取者”，是办事时的一个强大的阻力。有些贪婪的人，总是不自觉地会把自己放在一个“索取者”的位置。这种人过度自私不思奉献，专为自己打算倒拆了自己的台。自身条件不具备，又将索取不断拔高的人，最终都会落空甚至把自己赶上绝路。

在办事的时候，一个健康的个体，计较得失是正常的。他必然会充分注重保护自己各方面的权利，总是希望自己得到有价值的东西。而你却偏偏无休止地向他人索取，结果可想而知。

事实上，如果碰到不如意的事就怨天尤人，就需要别人照顾，就会反反复复的述说自己的不幸以乞讨别人的同情或支助，这样有用吗？也许一开始，别人会同情她，时间长了，同情会变成厌恶。

友情超载，就会影响彼此正常的运转。无尽的索取会给人带来无限痛苦，它耗尽了人力图满足其需求的精力，总是一味地向朋友索取回报，而不继续进行感情投资，那么这种做法必然会损害双方的关系。

俗话说："将心比心。"社会上人与人之间的相处总是以"感情效应"为基础的，你只有不失时机地付出必要的感情投资，才能拉拢对方，才能收到一呼百应的效果，才能不沦为"索取者"，才能得到对方的继续帮助。

5. 创造对自己有利的境遇

古语说："巧妇难为无米之炊。"在今天这个社会，真正的"巧妇"却懂得很好地用实力、人脉、信念，做到"无米之炊"，并且能把这顿饭做的色香味俱全。

会办事的人通常都懂得掌握趋势，给自己创造有利的境遇。因为他们懂得只有自己主动创造对自己有利的环境，才能赢得先机、赢得时间，才能在机遇到来之时，胸有成竹，待时而动，运筹帷幄，决胜千里。

十年时间，从一名两手空空的普通女教师，转变成4家公司的CEO，张敏芳走过了一条对普通人创业尤其有启发的传奇人生路。

张敏芳是个坐不住的女人，生为教师的她一直想改变自己的生活，但又面临着两难的抉择——从过日子的角度来说，她需要一份稳定的收入；但从内心里来说，她又对这种“稳定”深恶痛绝！

就在这时，上海浦东社会发展局下属的投资公司需要人手，正好张敏芳所在的学校与其属于同一个系统。于是，她索性找了些关系，把自己调动去了这家投资公司。本来只想作为一个过渡，但让张敏芳没有想到的是这份工作竟然比当老师忙一百倍，而且工作起来根本没有固定模式，需要接触各种各样的人，张敏芳一下就喜欢上了这种生活。不由自主地把所有精力都放在了这上面。

1996 年她怀孕，生完孩子的第 37 天，她参与策划的上海市旅游节开幕了。她又坐不住了，不顾婆婆的劝阻偷偷溜出了家门，然后火速赶到现场，以志愿者的身份参加了旅游节。

志愿者做了没几天，张敏芳就因为她的热情、投入和认真，从组委会中脱颖而出。由于之前东方电视台的台长就与张敏芳有过合作，这一次更是台长看中了她超常的策划能力，极力邀请她到电视台去工作。

一进电视台，台长就把负责大型晚会和活动的策划和总编导这样重要的活儿交给了张敏芳。张敏芳都以出色的组织协调能力做得十分出色。

在电视台工作，张敏芳最大的财富是认识了各种朋友。而且她已经意识到，要想做出点事情来，最终还是要靠这些朋友。

果然，1998 年的某天，一个朋友给张敏芳打了个电话，说有家广告公司老总位子空缺，问她有没有兴趣？张敏芳说：“不如你就把公司借给我，我以后策划什么活动，就用你们公司的名义好了。”本来是句玩笑话，没想对方真同意了。很快，张敏芳承包了广告公司。

张敏芳终于有了独自发展的空间。而且她把公司做得风气水起，陆续地，她又成立了其三家公司，成了一名十分有成就的女企业家。但和一般人白手起家不同的是，她是“借”别人的公司来创业。

张敏芳两手空空，却利用自己的人脉为自己创造了极为有利的条件，最终拥有了自己事业的成功。只是生活中，人们很容易将思维编入既存的框架里，产生“命中注定”或“无法更改”的思维定式，逐渐失去踏出围绕我们的框架的勇气，然后将自己对人生的梦想和野心一个个抛弃掉。而没有追逐梦实现野心的激情，人生将会缺乏激情。

在求人办事的时候，需要你满怀激情，有一种振奋的感觉；而不是失意悲观。特别是，当自己人生理想不能实现，或者见解、行为不为世人所理解时，都会使人迷失。

正如英国人狄斯累利所说：“境遇不造人，是人造境遇。”境由心造，现实需要我们面对，需要我们好好把握。其实，在社会上打拼的确面临着诸多的困难，就像在荆棘中穿行，四面八方都要谋虑得周全，有一点疏漏就可能导致窘境的降临，“无米”很可能是常有的事。

“巧妇”首先要做的就是积累第一桶金。没钱可以借力，可以花别人的钱办自己的事。条件是自己创造的，而不是靠等待和索要。人们总是喜欢抱怨，却不愿意思考怎样弥补和创造自己所欠缺的条件和因素。

我们应该觉悟到“天生我材必有用”。造物主养育我，必有伟大的目的或意志，寄于我的生命中；万一我不能充分表现我们的这中潜力和天赋，对世界将会一个损失。会办事的人，绝不会抱消极的心态等待，而是懂得积攒自己的实力和借他人之力来成就自己。

6. 给自己打个背景光

在求人办事的时候，只有自己有足够的实力，有自己的价值，才能引起别人的注意，才能为自己提供更高的平台。当你为自己打个背景光，决心飞翔的时候，自然会有人被你吸引，为你助燃。

美国安捷伦生命科学与化学分析部大中华区经理牟一萍是一个实力超群的女性代表。

一次，安捷伦公司台湾地区的一个高级经理遇上了难题，请牟一萍帮助解决。事情是这样的，一位用户 11 月份想订购新产品，要求公司 12 月发货，否则就要购买竞争对手的产品。当时新产品的订购十分紧俏，按照常规，11 月份订购的产品一般要到来年 3 月才能发货。订单的数额不小，80 万美金，这可急坏了高级经理，又是托关系又是找朋友，却还是没有找到解决的方法。

牟一萍了解情况后，问道："你有没有想过用正常渠道解决问题?"

"从工厂发货很难，试了也没用。"高级经理回答得很干脆。

当天下午，牟一萍来到了客户的办公室，客户明确表示时间太紧，安捷伦几乎没有赢单机会。听到这话，牟一萍说："今天夜里我直接联系美国工厂，您明天一早等我消息。"

晚上 12 点的时候，牟一萍打电话与美国工厂产品线总经理取得联系，说明了用户的情况和重要性，几个小时的磋商之后，终于得到 2 周发货的确认。这个消息一传出，不仅高级经理感到十分惊讶，客户也对牟一萍的办事能力表示五体投地。

后来回忆这件事情的时候，牟一萍说："其实当时我也没有十分的把握。但任何事情你不去尝试，怎么成功?"

还有一次，很多外企都在做将市场部集中化的工作，而牟一萍却跟亚太区总经理建议恢复中国的市场部，提议一出便引来嘘声一片。面对反对意见，牟一萍有理有据地向总经理说出了中国市场特殊情况的需要。最终，她的提案获得了批准。而她的这一决定最终也被证明是正确的。

有实力的人往往是事业道路上的赢家，他们容易赢得所有人的青睐。他们在搞建筑的时候，别人愿意帮他们画图样。他们能获得美满的果实是因为自己的实力征服了对方，使对方愿意为自己浇灌播下的种子。

会办事的人都会为了获得更大的成功，实现更多的梦想，打造自己的背景光，来赢得更多人的支持和信赖。那么，如何能积攒实力、为自己打造背景光呢?

(1) 每年至少阅读3～5本人文类书籍。

(2) 能严格控制体重。

(3) 每年安排一次异地休假或出行。

(4) 能够记住家人的生日等纪念日，能与家人分担困难，分享快乐。

(5) 养成补水习惯，天天饮8～10杯水。

(6) 懂得基本的礼仪常识。得到别人帮助时习惯表达谢意，打搅和影响他人时，习惯表达歉意。

(7) 有一项以上有益和有一定水准的业余爱好。

(8) 出门前，养成照镜子的习惯，检查一下面容。

(9) 善待友情，能够拥有10个或10个以上每月主动联系和交往的亲密朋友。

(10) 每季选择一项高雅的艺术活动。如看画展等艺术展、看演出、电影、参观博物馆等。

（11）能说普通话，会一国以上外语更佳，能够控制说话的语音、语调和语速，声音悦耳、友善。

（12）善良并富有爱心，有感激之心，善待和理解他人，保持平和心境。每周有意识地做一至两件对他人有帮助的事。

（13）学习健康有益的生活方式。每年平均改变生活方式 5 ~ 10 个，从饮食、饮水、运动、阅读、卫生、睡眠等方面做起。

（14）学会微笑，能控制表情，知道自己最讨人喜欢的面部状态。

（15）每周至少坚持 3 次以上的体育运动。

7. 把自己打造成“稀缺资源”

古人语：“一技傍身，走遍天下。”经济学中倡导建立“核心优势”，只有把打造成稀缺资源，才能在办事的时候有永恒的竞争力。会办事的人，早就看清楚了自己到底有什么过人之处。跟别人比较起来，也就有了自己真正的优势。

“天生我材必有用”，自己如同小树老枝，需要劈削刨锯，以做材料。或做衣橱，或做桌椅，全看人的需要。只是好多人哪怕改动一点，都会有意见，劈了去做一块材料了。为人处世，往往要我们经过那劈削刨锯的痛苦，锻造成稀缺资源，在这个方面取得卓越成就，以适应别人的需要，最好是别人抢手的材料。

会办事的人明白，在公司中，即使自己的工作不是公司的重点，你也要发挥自己的优势，给自己争取机会，让上司喜欢上你。当然，上司绝不会无缘无故的注意到你，这需要你证明自己是稀有资源，不可或缺。

在美国耶鲁大学的入学典礼上，校长每年都要向全体师生特别介绍一位新生。去年，校长隆重推出的，是一个自称会做苹果饼的女学生。学生都感到奇怪，耶鲁不乏多才多艺之人，为何推荐一个仅仅擅长做苹果饼的学生呢？最后校长自己揭开了谜底。耶鲁大学每年的新生都要填写自己的特长，而几乎所有的同学都填写诸如运动、音乐、绘画等为特长，从来没有人填过自己擅做苹果饼。因此，这个女学生便脱颖而出。

这真是一个聪明的学生。如果她在履历表上填上“擅长厨艺”，结果会怎样？肯定不如“擅做苹果饼”打动人心。“细化”自己的特长，则显示出一种天真的可爱和拙朴，同时也是一种自信。

按苏格拉底的说法，“了解你自己”是智慧的开端。然而，在生活中，经常会出现这样的情况，一个太过优秀的人，总是认为每一处都值得挖掘，都会达到自己理想的目的地。但是，稀缺资源的关键是保持一个优势，多个优势同时开采，只会降低优势。再说，人生苦短，哪有那么多时间分配到每一个角落呢？正如谚语所说，不搏二兔。只有为自己定位后，不停地朝这个方向努力，才能将自己的优势发挥到极致。当然，如果不能得到别人的认可，即使是稀缺资源，也就等于没有优势。

生活中，自己不是稀缺资源的居多。这些人一生都在三心二意，似乎都难以做到两全其美，不是别人有用而自己不尽人意；就是尽了自己的意，而别人又不合意。就这样被自己的热情所蒙蔽、阿谀，等到日后真相大白，却已悔之晚矣。相反，一个心灵成熟的人，会坚持不断的自我发现、自我探寻。

卡耐基告诉了我们能使我们发现自己核心优势的三种方法，值得我们借鉴：

1、每天安排独处的时刻。

2、用热忱及兴奋去追求。

3、努力破除束缚自我的种种积习。

8. 提升人格魅力，让你处处受欢迎

拿破仑·希尔指出："和有魅力的人相处总是愉快的。她好像雨天的太阳，能驱走昏暗。良好的个人魅力是一种神奇的天赋，就连最冷酷无情的人都能受到他的感染。"一个人能受到别人的欢迎、容纳，他实际上就具备了一定的人格魅力。反之，就缺乏人格魅力。

在现实的生活中我们时常看到，一些人似乎特别幸运，他们无论走到哪里都倍受欢迎。他们在求人办事的时候，一切似乎都能迎刃而解。其实，这并不是因为他们比我们更加漂亮或者聪明！只要我们对这些"幸运儿"稍加分析就会发现，这是因为他们具有某种能吸引人的品质，同时，也正是由于这种真正的人格魅力，他们身上就像有一个奇特的磁场，总是能把别人牢牢的吸引在了自己周围。

你要知道，金钱或权势换不来肝胆相照的朋友，只有崇高的个人品质和人格魅力才能获得朋友的尊敬和信任。只有建立在互相尊敬、互相信任基础之上的朋友才是真正的朋友。

1930年的初秋，在日本东京目黑区田桥不远处的公园里，一个只有1.45米的矮个子青年从凳子上爬起来，用免费自来水洗了脸，便从容地徒步上班去了。

作为一家保险公司的推销员，他因为拖欠了房东8个月的房租，已经被迫在公园的长凳上睡了三个多月了。他虽然每天都在勤奋地工作，但收入少得可怜。

年轻人来到"村云别院"佛教寺庙，礼貌地问道："请问有人在吗？我是明治保险公司的推销员。"

“请进来吧！”

年轻人喜出望外，因为在此之前，一听到推销保险的10个人中有9个会让他吃闭门羹。

年轻人开门见山，利用所学的保险知识，面对眼前的高僧口若悬河、滔滔不绝地介绍，劝说老和尚投保。年轻人说完后，老和尚平静地说：“这丝毫没有引起我投保的兴趣。”

老和尚对他注视许久说：“人与人之间，像这样对坐的时候，一定要具备一种强烈吸引对方的魅力。做到这一点才有前途可言。先努力改造自己吧。要改造你自己。就是在替别人考虑保险之前，必须先认识自己。说起来简单，做起来困难。去请教别人吧！你应该从你那些投保客户开始，诚恳地去请教他们，请他们协助你认识自己。我看你有慧根，倘若照我的话去做，日后必成大器。”

老和尚点醒了年轻人，年轻人若有所悟。

年轻人将老和尚的话反复揣摩，决定彻底改变自己。他开始每月一次，每次请6个同事或投了保的客户吃饭，目的只为让他们指出自己的缺点。大家开始都纷纷批评他，说年轻人脾气太暴躁，常沉不住气；脾气太坏，而且马虎、粗心大意；太固执，常常自以为是，应该多听听别人的意见；对于别人的托付，从不知道拒绝，这一缺点必须改正；待人处事不能太现实、太自私，也不能耍花招，一切都应该诚实。人与人之间的关系，只有诚实才会维持长久。

他把这些逆耳之言都一一做了笔记，随时反省激励自己，这些足以让他把自己身上的劣根性一点点剥落下来。他还总结出了含义不同的39种笑容，分别赋予要表达的心情与意义，然后再对着镜子反复练习，直到镜中出现所需要的笑容为止。这个年轻人就是被日本国民誉为“练出值百万美金笑容的小个子”原一平。

在求人办事的时候，对于你所欲左右的人，对于希望对你忠诚、与你合作的人，你务必获得他们的敬爱，而获得他们的敬爱，全凭你人格的魅力。最重要的是你要尊重对方的人格，只有这样，才能获得对方的喜爱和合作。

当然，人格魅力并不全是与生俱来的，而是可以靠后天修炼得来的。首先，一个提升人格魅力的方法就是与那些有魅力的人交往。通常情况下，我们都会发现，有些人即使与我们偶尔相识，只有一面之交，也能引起我们的注意，使我们在不知不觉之中便和他们接近，成为朋友。在这个过程中，我们的人格无形中也得到了发展。

如何获得人格的魅力？这是芸芸众生所共求的一个目标。千言万语，只有一个关键，那就是对别人要有出自内心的兴趣。这种事情其实并不难做，只要我们多加小心，明白我们应该怎么做，不该怎么做，小心地与别人周旋，就能发挥我们健全人格的威力，成为具有魅力的人。下面是几个相关的小技巧：

（1）如果相貌不好，就让自己有才气；如果没有才气，那就总是微笑。

（2）最重要的是，要有气质。如果不会时尚，宁愿纯朴。

（3）尽量不要向朋友借钱。即使不得已借了，也要及时地偿还。

（4）不要逼朋友看你恋人的照片。

（5）与人打车时，请抢先坐在司机旁。

（6）坚持在背后说别人好话。

（7）有人在你面前说某人坏话时，不要赞同或反对，只需要微笑。

（8）自己开小车，不要特地停下来和一个骑自行车的朋友打招呼。这样会给对方炫耀的误解。

（9）朋友生病时，很自然地坐在他病床上，回家再认真洗手。

（10）尊敬不喜欢你的人。

（11）对事无情，对人要有情。

（12）及时地为对方喝彩。

（13）如果别人对你好，不要认为对方就应该这样做，要知道感恩。

（14）学会聆听。

（15）尊重搞卫生的阿姨和传达室里的师傅。

（16）说话的时候记得常用“我们”开头。

（17）有时要明知故问：你的大衣很贵吧！有时，即使想问也不能问，比如：你不小了吧？

（18）说“不”时要有艺术：“这需要时间”、“我尽力”“当我决定后，会给你打电话”……

（19）不要期望所有人都喜欢你，那是不可能的。

（20）自己要喜欢自己。

（21）多读一些书，这样会让你视野广阔，气质优雅。

9. 不断学习来提高你的办事能力

在社会上做事，单打独斗不易成功，一个人也不可能一入社会就能有辉煌的事业，因此不断学习、累积无形的资产是很重要的一件事。

孔子曰：“学而不思则罔，思而不学则殆。”尤其是知识爆炸的今天，逼着人不得不更新。在工作岗位上有各种培训，哪怕单位不组织，也得自学，不然就不能适应形势的需要。可见，人的一生都离不了学习。

翟悦颖35岁，拿到硕士学位之后，就在一所著名高校做大学讲师。工作几年来一直很顺利，学生很喜欢她，学校领导对她的业务水平也很满意。

直到一年前，学校采取竞争上岗制度，直接从社会上聘请优秀的的大学讲师，很多没有学历、能力不过硬的老教师都被迫下岗了，一直生活在安逸中的翟悦颖也意识到了危机。

一年来，虽然翟悦颖工作上没有变动，但看着比自己更年轻、学历更高、能力更强的讲师活跃于学校中，翟悦颖还是感到了前所未有的压力。当翟悦颖发现一位新来三个月的讲师已经可以代替自己为学生讲课的时候，一种随时被淘汰的感觉油然而生。

经过一番思考，翟悦颖办了停薪留职，她要到国外进修，她相信只有为自己充电才能让自己变得更强、更不可取代。对翟悦颖的决定，学校方面也很支持，就这样，翟悦颖去了英国。

三年后，留学归来的翟悦颖不仅学到了更多知识，也变得更自信了。回到学校后半年时间，就以无人可比的专业知识和教学能力荣升系主任，从此，翟悦颖再也不用害怕会被人取代了。

在每一个人的职业生涯中，学习和充电是很重要的，在同等条件下，文化程度相同的两个人，一个人勤奋好学，经历若干年工作学习之后，成为了具有某个方面专长的学者；而另外一个人不思进取，逐渐沦落为一个平庸者。然而，生存的压力、工作的竞争和生活的拖累，使得我们用于“充电”的业余时间愈发珍贵。

不断学习，正是遵循循序渐进的原则的体现。不能幻想一口吃成胖子、急于求成，必须逐步积累。只有一步一环地去完成，才能学到扎扎实实的知识。否则，丢掉哪一步、哪一环，都会造成知识体系的缺陷，再想弥补，代价可观。当然，不断学习，是为了学以致用。在办事的时候，能够解决实际问题。而不是奉为“教条”，束之高阁，或者用来装潢门面，或者借以吓人，那是毫无意义的。所以，在学习的时候要有的放矢。

会办事的人都明白，成功的秘密就是不断学习，每天进步一小步，一个月就能进步一大步，一年过去就会进步很多，也许就会有质的飞跃。要注意的是，在不断补充已有的专业知识的时候，要学习更多更新的知识。当这种积累达到一定程度的时候，你会忽然发现自己看问题，想问题的角度也会随着发生变化，会更全面，更缜密。你应该知道，一颗小石头在平地上的时候，是感觉不到它有什么力量的，当把它放在一个很高的山上，然后再把这颗石头推下来的时候，你会发现这个石头具有了完全不同的“力量”。这就是不断学习的结果。